Impressum
Verlag: BABADADA GmbH, Nedderfeld 112 , 22529 Hamburg
Geschäftsführer / Verlagsleitung: Harald Hof
Druck: Books on Demand GmbH, In de Tarpen 42, 22848 Norderstedt

Imprint
Publisher: BABADADA GmbH, Nedderfeld 112 , 22529 Hamburg, Germany
Managing Director / Publishing direction: Harald Hof
Print: Books on Demand GmbH, In de Tarpen 42, 22848 Norderstedt, Germany

សាលារៀន
iskola

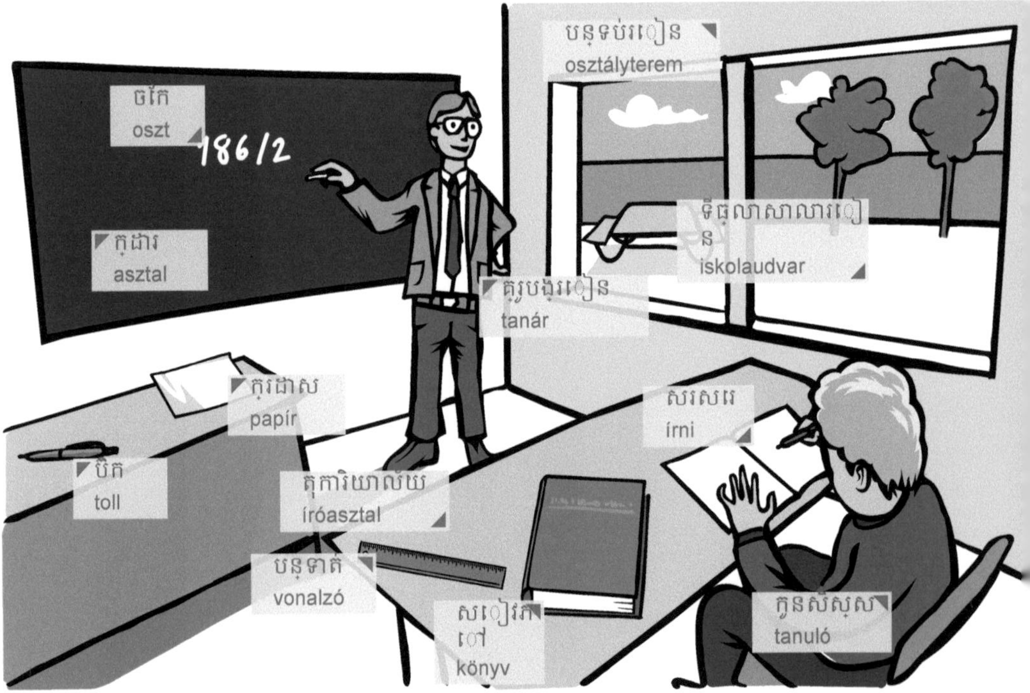

បន្ទប់រៀន
osztályterem
ចកែ
oszt
186/2
ក្ដារ
asztal
ទីធ្លាសាលារៀន
iskolaudvar
គ្រូបង្រៀន
tanár
ក្រដាស
papír
សរសេរ
írni
ប៊ិក
toll
តុការិយាល័យ
íróasztal
បន្ទាត់
vonalzó
សៀវភៅ
könyv
កូនសិស្ស
tanuló

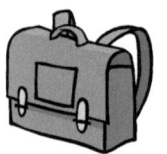

សម្ពៀតស្បែក

iskolatáska

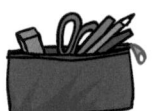

ប្រអប់ដាក់ខ្មៅដៃ

tolltartó

ខ្មៅដៃ

ceruza

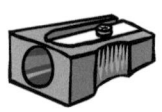

ប្រដាប់ខ្លងខ្មៅដៃ

ceruzahegyező

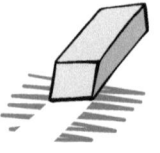

ជ័រលុប

radír

ផ្ទាំងគំនូរ

rajzfüzet

គំនូរ

rajz

ជក់គូរ

ecset

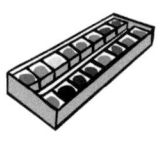

ប្រអប់ថ្នាំលាប

festőkészlet

កន្ត្រៃ

olló

ការបិទ

ragasztó

សៀវភៅលំហាត់

munkafüzet

កិច្ចការផ្ទះ

házi feladat

12

លេខ

szám

2+2

បូក

összead

5-2

ដក

kivon

2×2

គុណ

szoroz

គណនា

számol

A

លិខិត

betű

ABCDEFG HIJKLMN OPQRSTU VWXYZ

អក្ខរក្រម

ABC

hello

ពាក្យ

szó

អត្ថបទ

szöveg

អាន

olvasni

ដីស

kréta

មេរៀន

tanóra

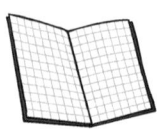

ចុះឈ្មោះ

napló

ការប្រឡង

vizsga

វិញ្ញាបនបត្រ

bizonyítvány

ឯកសណ្ឋានសាលា

iskolai egyenruha

ការអប់រំ

oktatás

សព្វវចនាធិប្បាយ

enciklopédia

សាកលវិទ្យាល័យ

egyetem

មីក្រូទស្សន៍

mikroszkóp

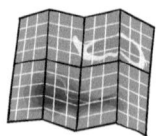

ផែនទី

térkép

កន្ត្រកដាក់សំរាមក្រដាស

papír-hulladék gyűjtő

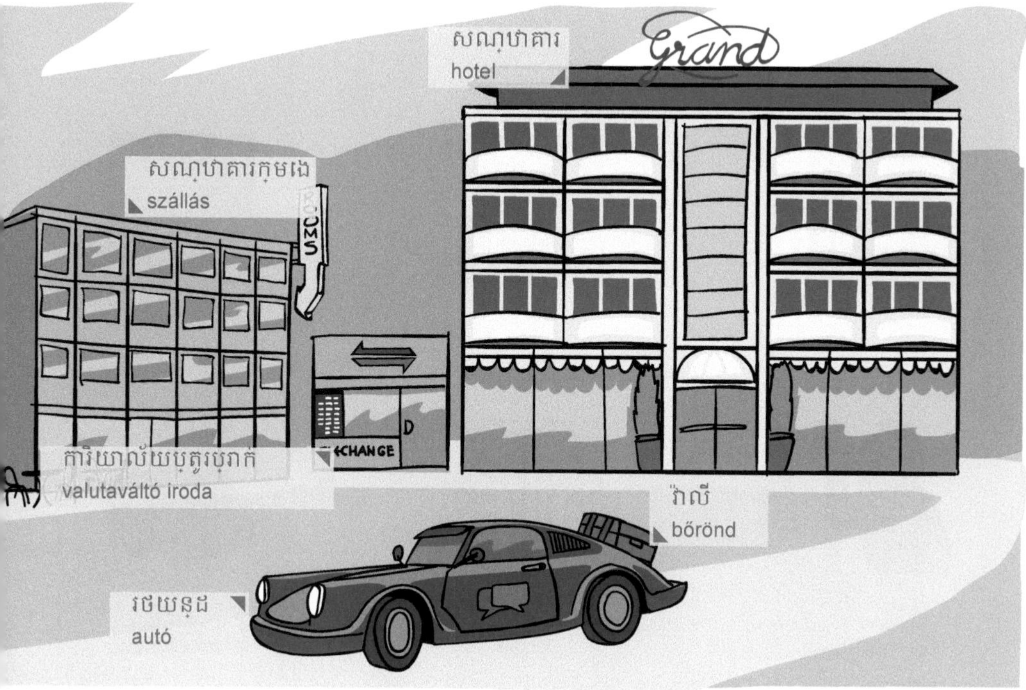
សណ្ឋាគារ
hotel
Grand
សណ្ឋាគារក្មេង
szállás
ROOMS
ការិយាល័យប្តូរប្រាក់
valutaváltó iroda
EXCHANGE
វ៉ាលី
bőrönd
រថយន្ត
autó

ភាសា

nyelv

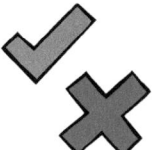

បាទ / ទេ

igen/nem

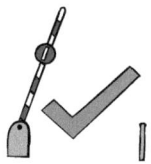

យល់ព្រម

rendben

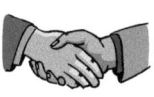

សាយ័ន្តសួស្តី!

szia

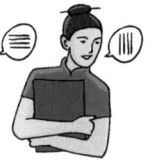

អ្នកបកប្រែ

fordító

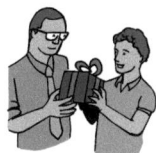

សូមអរគុណ

köszönöm

ចូលប៉ុន្មាន... ?

mennyibe kerül...?

ខ្ញុំមិនយល់

nem értem

បញ្ហា

probléma

ទិវាសួស្តី!

Jó estét!

អរុណសួស្តី

jó reggelt!

រាត្រីសួស្តី!

jó éjszakát!

លាហើយ

viszontlátásra

ទិសដៅ

útirány

អីវ៉ាន់

poggyász

កាបូប

táska

កាបូបស្ពាយក្រោយ

hátizsák

ភ្ញៀវ

vendég

បន្ទប់

szoba

ថង់ដេក

hálózsák

តង់

sátor

ព័ត៌មានទេសចរណ៍

turista információ

ឆ្នេរ

strand

កាតឥណទាន

hitelkártya

អាហារពេលព្រឹក

reggeli

អាហារថ្ងៃត្រង់

ebéd

អាហារពេលល្ងាច

vacsora

សំបុត្រ

jegy

ជណ្ដើរយន្ត

lift

តិក

bélyeg

ព្រំដែន

határ

គយ

vám

ស្ថានទូត

nagykövetség

ទិដ្ឋាការ

vízum

លិខិតឆ្លងដែន

útlevél

ការដឹកជញ្ជូន
közlekedés

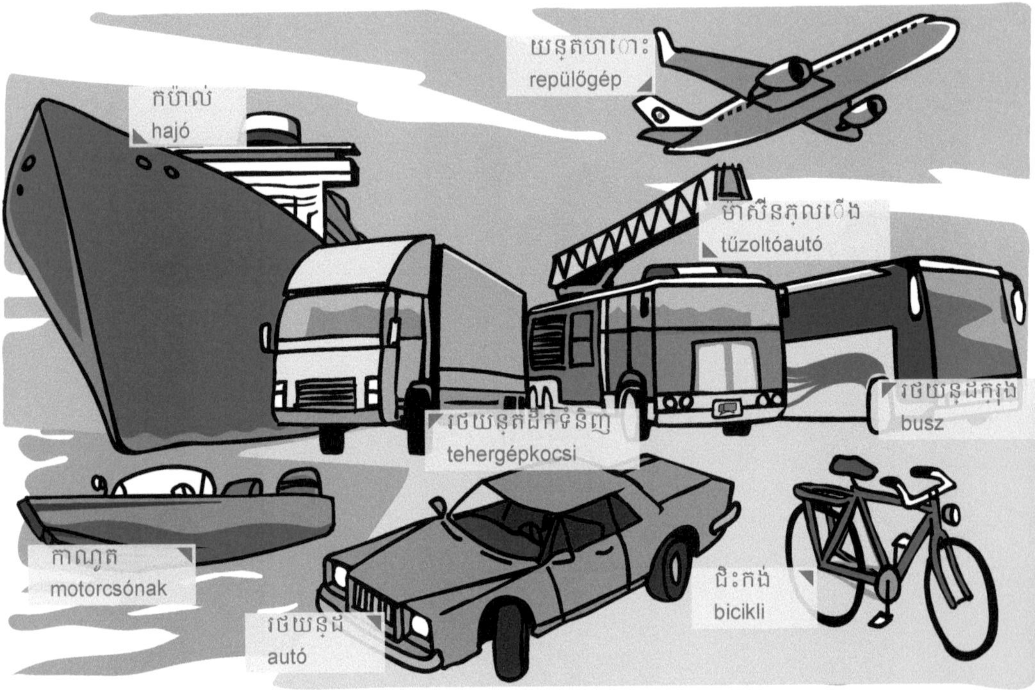

យន្តហោះ
repülőgép
កប៉ាល់
hajó
ម៉ាស៊ីនភ្លើង
tűzoltóautó
រថយន្តក្រុង
busz
រថយន្តដឹកទំនិញ
tehergépkocsi
កាណូត
motorcsónak
ជិះកង់
bicikli
រថយន្ត
autó

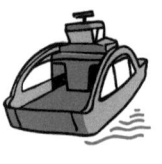

សាឡាង

komp

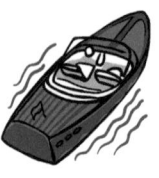

ទូក

csónak

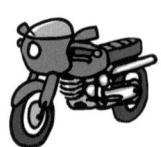

ម៉ូតូ

motorkerékpár

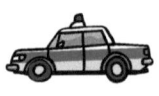

រថយន្តប៉ូលិស

rendőrautó

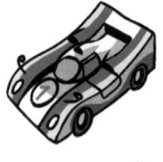

រថយន្តប្រណាំង

versenyautó

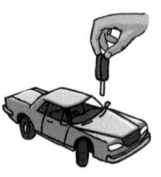

រថយន្តជួល

bérautó

ការចែកវែលវែកវេយនុត

telekocsi

ឡ្យានសូទូច

vontató

ឡ្យានបុរមួលសំរាម

szemetes autó

ម៉ូតូ

motor

បុរេងឥន្ធន:

üzemanyag

សុថានីយបុរេង

benzinkút

សុលាកសញ្ញាចរាចរណ៍

közlekedési tábla

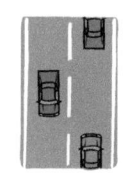

ការធ្វុរវៃចរាចរណ៍

forgalom

កកសុទៈចរាចរណ៍

forgalmi dugó

ចំណត

parkoló

សុថានីយរថភ្លុលវៃង

vonatállomás

ផ្លុវដៃកៃ

sínek

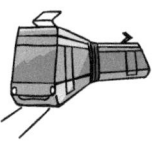

រថភ្លុលវៃង

vonat

រថអត្គីសនី

villamos

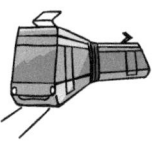

ទូរថភ្លុលវៃង

vagon

ឧទ្ធម្ភាគចក្រ

helikopter

ព្រលានយន្តហោះ

repülőtér

ប៉ម

torony

អ្នកដំណើរ‌ ‌ ‌ ‌ ‌

utas

កុងតឺន័រ

konténer

ករដាសកាតុង

kartondoboz

រទេះ

taliga

កញ្ចប់

kosár

ហោះឡើង / ចុះ

felszáll / leszáll

ទីក្រុង

város

ភូមិ

falu

កណ្ដាលទីក្រុង

városközpont

ផ្ទះ

ház

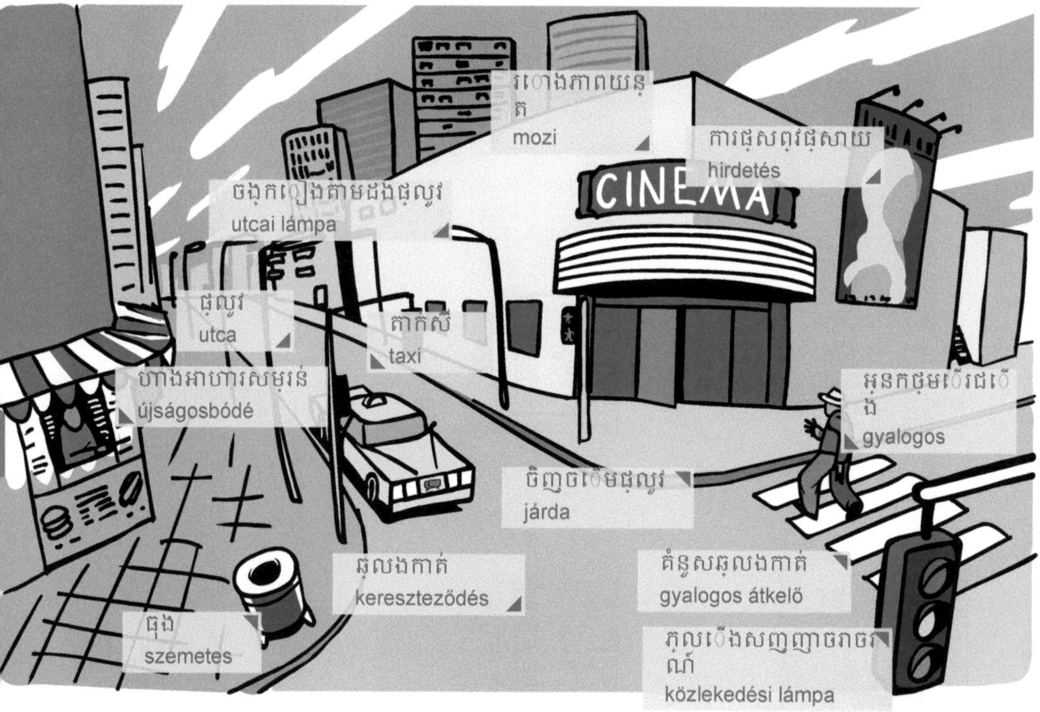

រោងភាពយន្ត
mozi

ការផ្សព្វផ្សាយ
hirdetés

ចង្កៀងតាមដងផ្លូវ
utcai lámpa

ផ្លូវ
utca

តាក់ស៊ី
taxi

បាងអាហារសម្រន់
újságosbódé

អ្នកថ្មើរជើង
gyalogos

ចិញ្ចើមផ្លូវ
járda

ផ្លូងកាត់
kereszteződés

គំនូសផ្លូងកាត់
gyalogos átkelő

ធុង
szemetes

កុលៃងសញ្ញាចរាចរណ៍
közlekedési lámpa

CINEMA

ខ្ទម

kunyhó

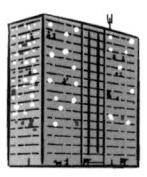

ផ្ទះលៃវង

lakás

ស្ថានីយរថភ្លៃង

vonatállomás

សាលាក្រុង

városháza

សារមន្ទីរ

múzeum

សាលារៀន

iskola

សាកលវិទ្យាល័យ

egyetem

ធនាគារ

bank

មន្ទីរពេទ្យ

kórház

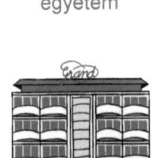

សណ្ឋាគារ

hotel

ឱសថស្ថាន

gyógyszertár

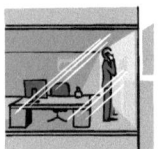

ការិយាល័យ

iroda

ហាងលក់សៀវភៅ

könyvesbolt

ហាង

üzlet

ហាងផ្កា

virágüzlet

ផ្សារទំនើប

szupermarket

ទីផ្សារ

piac

ហាងទំនិញ

áruház

ហាងលក់ត្រី

halárus

មជ្ឈមណ្ឌលផ្សារទំនើ
ប

bevásárló központ

កំពង់ផែ

kikötő

ឧទ្យាន

park

បង្គ

pad

ស្ពាន

híd

ជណ្តើរ

lépcső

ផ្លូវក្រោមដី

metró

ផ្លូវរូងក្រោមដី

alagút

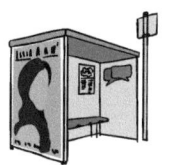

ចំណតរថយន្តក្រុង

buszmegálló

ហារ

bár

ភោជនីយដ្ឋាន

étterem

ប្រអប់សំបុត្រ

postaláda

សញ្ញាតាមដងផ្លូវ

utcatábla

ឧបករណ៍ប្រមូលផ្លូវថៃចំណត

parkoló óra

សួនសត្វ

állatkert

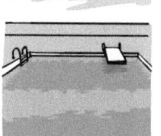

អាងហែលទឹក

uszoda

វិហារអ៊ីស្លាម

mecset

កសិដ្ឋហាន

gazdálkodás

ការបំពុល

környezetszennyezés

ផលកប់ខ្មោច

temető

ពុរេវិហារ

templom

គុរេរៀងអំអិលក្មេងលេង

játszótér

បុរសាទ

szentély

ទេសភាព

táj

ស្លឹក
levél

សញ្ញាបុរាប់ទិសដរេវ
útjelző tábla

ផ្លូវ
út

វាលស្មៅ
rét

ដុំថ្ម
kő

ដើមឈើ
fa

អ្នកឡេរៀងភ្នំ
túrázó

ទន្លេ
folyó

ស្មៅ
fű

ផ្កា
virág

ជ្រលងភ្នំ

völgy

កូនភ្នំ

domb

បឹង

tó

ព្រៃឈើ

erdő

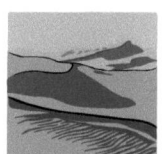

វាលខ្សាច់

sivatag

ភ្នំភ្លុលេឺង

vulkán

តហោក្របី

kastély

ឥន្ទធនូ

szivárvány

ផ្សិត

gomba

ដើមត្នោត

pálmafa

មូស

szúnyog

រុយ

légy

ស្រមោច

hangya

សត្វឃ្មុំ

méhecske

ពីងពាង

pók

សត្វកញ្ចៃ

bogár

កង្កប

béka

កំប្រុក

mókus

សត្វកំប្រមា

sündisznó

ទន្សាយសុលឹក

nyúl

សត្វទីទុយ

bagoly

បក្សី

madár

ហង្ស

hattyú

ជ្រូក

vaddisznó

សត្វក្តាន់

szarvas

សត្វក្តដាន់

rénszarvas

ទំនប់

gát

កង្ហារខ្យល់

szélturbina

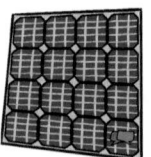

បន្ទះស៊ូឡា

napelem

អាកាសធាតុ

éghajlat

ភោជនីយដ្ឋាន

étterem

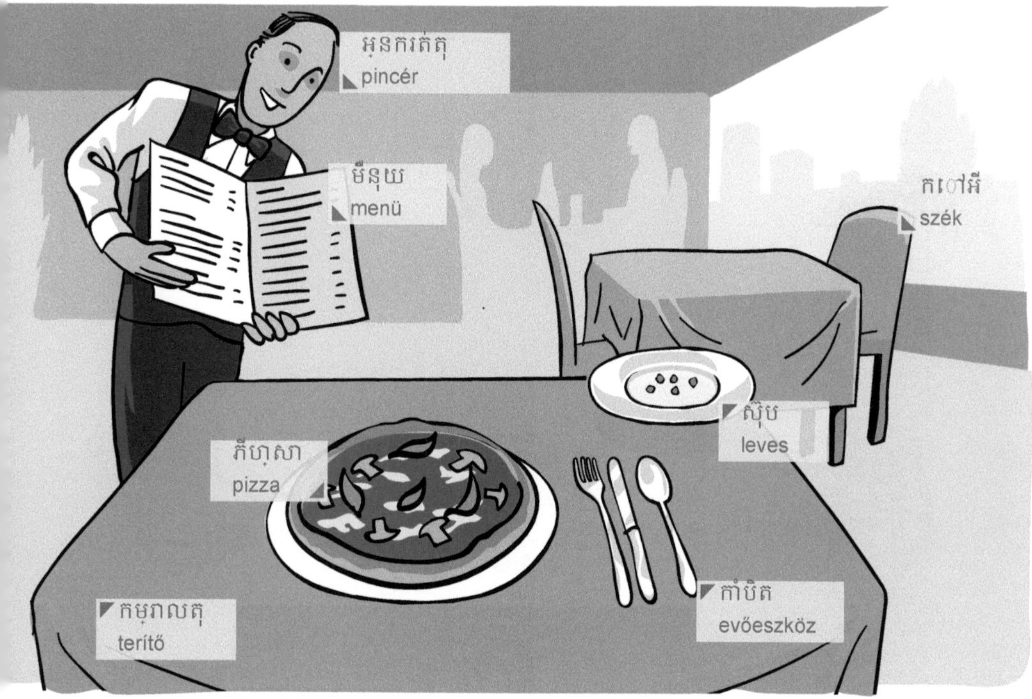

អ្នករត់តុ
pincér
មីនុយ
menü
កៅអី
szék
ស៊ុប
leves
ភីហ្សា
pizza
កម្រាលតុ
terítő
កាំបិត
evőeszköz

អាហារសម្រន់

előétel

អាហារសំខាន់

főétel

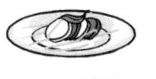

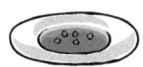

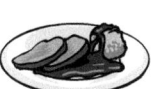

បង្អែម

desszert

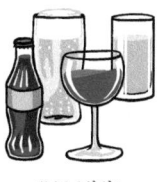

ភេសជ្ជៈ

italok

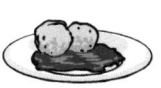

អាហារ

étel

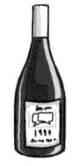

ដប

üveg

អាហារឆាប់ស្រួល

gyorsétel

អាហារតាមផ្លូវ

gyorsétel

ប៉ាន់តែ

teás kanna

ប្រអប់ស្ករ

cukortartó

ចំណែក

adag

ម៉ាស៊ីនតុកាហ្វេអេស្ប្រេសូ

eszpresszógép

កៅអីខ្ពស់

bárszék

វិក្កយបត្រ

számla

ថាស

tálca

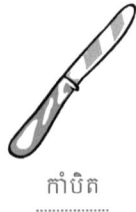

កាំបិត

kés

សម

villa

ស្លាបព្រា

kanál

ស្លាបព្រាកាហ្វេ

teáskanál

កន្សែងជូតខ្លួន

szalvéta

កែវ

pohár

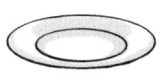

ចានទាប

tányér

ចានស៊ុប

leveses tányér

ចានទុរនាប់

csészealj

ទឹកជ្រលក់

szósz

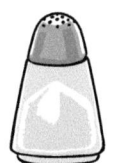

ដបអំបិល

sószóró

បុរដាប់កិនម្រេច

borsőrlő

ទឹកខ្មេះ

ecet

ប្រេង

étkezési olaj

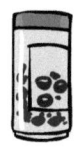

គ្រឿងទេស

fűszerek

ទឹកប៉េងប៉ោះ

ketchup

ម៉ូតាក

mustár

ទឹកមយ៉ោណ

majonéz

ការផ្តល់ជូនពិសេស
külÖnleges ajánlat

អតិថិជន
ügyfél

FOR

ទឹកដោះគោ
tejtermék

ផ្លែឈើ
gyümölcsök

រទេះរុញ
bevásárló kocsi

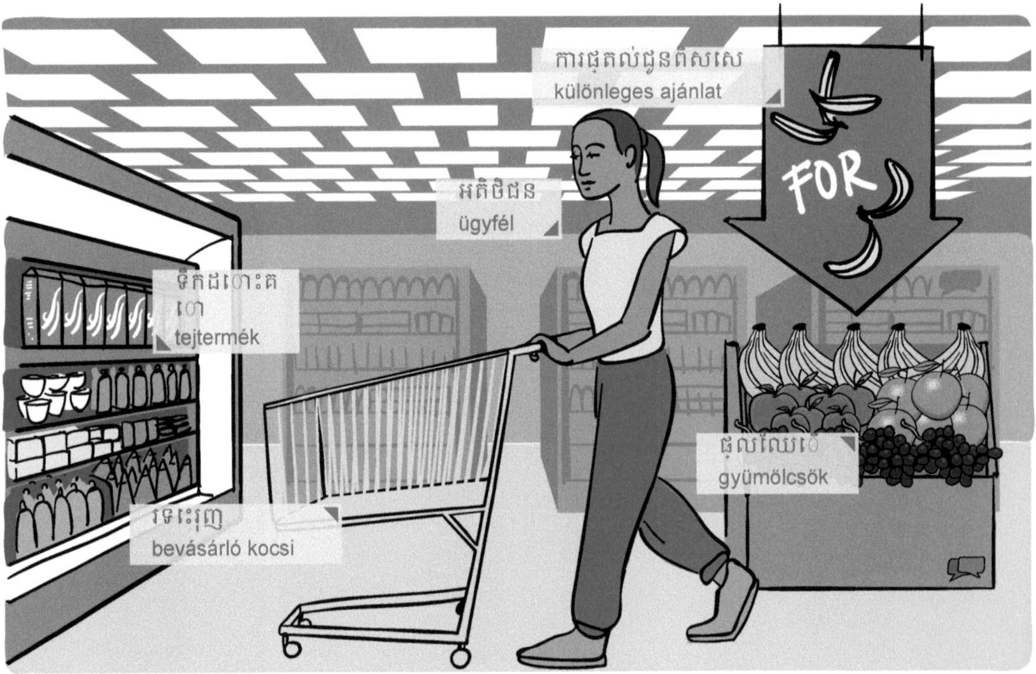

ហាងកាប់ជ្រូក
....
hentes

ហាងដុតនំ
....
pékség

ថ្លឹង
....
nyom valamennyit

បន្លែ
....
zöldség

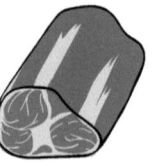

សាច់
....
hús

អាហារកុលាសួសរ
....
fagyasztott áru

សាច់កុលាសរ

felvágott

អាហារកំប៉ុង

konzerv

មុសរេវាលាង

mosópor

សុអរគុរប់

édességek

ផលិតផលកុនុងគួរសារ

háztartási termék

ផលិតផលសមុអាត

tisztítószerek

អុនកលក់

eladó

ចតដាក់លុយ

pénztárgép

បវេឡ្យា

eladó

បញ្ជីទិញទំនិញ

bevásárló lista

ម៉េវាងធុររេវើការ

nyitva tartás

កាបូបលុយបុរស

levéltárca

កាតឥណទាន

hitelkártya

ថង់

zacskó

ថង់បុលាសុទិច

műanyag zacskó

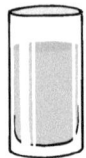

ទឹក

víz

ទឹកផ្លែឈើ

gyümölcslé

ទឹកដោះគោ

tej

កូកាកូឡា

kóla

ស្រា

bor

ស្រាបៀរ

sör

គ្រឿងស្រវឹង

alkohol

កាកាវ

kakaó

តែ

tea

កាហ្វេ

kávé

កាហ្វេអ៊ិចស្ព្រេស្សូ

eszpresszó

កាហ្វេកាពូលីណូ

kapucsínó

ចេក

banán

ផ្លែប៉ោម

alma

ផ្លែក្រូច

narancs

ឪឡឹក

sárgadinnye

ក្រូចឆ្មា

citrom

ការ៉ុត

sárgarépa

ខ្ទឹម

fokhagyma

ឫស្សី

bambusz

ខ្ទឹមហារាំង

hagyma

ផ្សិត

gomba

គ្រាប់ផ្លែឈើ

magvak

ម៉ី

nokedli

មីអ៊ីតាលី

spagetti

ហាយ

rizs

សាឡាត់

saláta

ដំឡូងចៀន

sült krumpli

ដំឡូងចៀន

sült burgonya

ភីហ្សា

pizza

ប៊ីហ្គឺ

hamburger

សាំងវិច

szendvics

សាច់ជាប់ឆ្អឹងជំនី

hússzelet

ហាំ

sonka

សាឡាមី

szalámi

សាច់ក្រក

kolbász

សាច់មាន់

csirke

អាំង

pecsenye

ត្រី

hal

អាវែនបបរ

zabkása

មុឡ្ស៊ុល្ស

müzli

ដំឡ្យងចំណិត

kukoricapehely

មុសរៅ

liszt

នំគួរសង់

croissant

នំប៉ុងមុយ៉ាងមូលតូចៗ

zsemle

នំប៉ុង

kenyér

អាំង

pirítós kenyér

នំប៊ីស្គី

keksz

ប៊ី

vaj

ទឹកដោះខាប់

túró

នំខេ

sütemény

ស៊ុត

tojás

ស៊ុតចៀន

tükörtojás

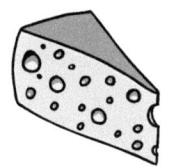

ឈីស

sajt

ការ៉េម

jégkrém

ស្ករ

cukor

ទឹកឃ្មុំ

méz

ដំណាប់

lekvár

ក្រែមគាំងម៉ៃ

mogyorókrém

ការី

curry

ផ្ទះក្នុងកសិដ្ឋហាន
parasztház

ខ្សែចែងចម្បបេ៉ង
szalmakazal

ជំងូរក
pajta

មេរប្យូរវ
mező

សរ៖
ló

ថែសណ្ដជ ទោង
vontató

កូនសរេា
csikó

តួវាកទ័រ
traktor

សត្វលា
szamár

សត្វចេរៀម
juh

កូនចេរៀម
bárány

ពពែ
....
kecske

គេាញ្ញី
....
tehén

កូនគេា
....
borjú

ជំរូក
....
malac

កូនជំរូក
....
kismalac

គេាឈ្មុមពេាល
....
bika

សត្វក្ងាន

liba

ទា

kacsa

កូនមាន់

csibe

មមោន់

tojó

មាន់ឈ្មោល

kakas

កណ្តុរ

patkány

ឆ្មា

macska

កណ្តុរប្រមេះ

egér

គោឈ្មោល

ökör

ឆ្កែ

kutya

ផ្ទះឆ្កែ

kutyaház

ទុយោទឹក

kerti öntözőcső

ធុងស្រោចទឹក

öntözőkanna

ខ្វែបក

kasza

នង្គ័ល

eke

កណ្ដៅច្រៀវ
sarló

ចបការប
kapa

វនាស់
vasvilla

ពូថៅ
fejsze

រទេះរុញ
talicska

ស្នូក
teknő

កំប៉ុងទឹកដោះគោ
tejes kancsó

ហារ
zsák

របង
kerítés

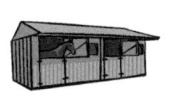

ក្រុងគោ
istálló

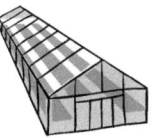

ផ្ទះកញ្ចក់
üvegház

ដី
talaj

គ្រាប់ពូជ
vetőmag

ជី
trágya

ម៉ាស៊ីនបូម្បូលផល
cséplőgép

ប្ររមួលផល
szüretelni

ការប្ររមួលផល
betakarítás

ជំឡ្បងជុក
yamgyökér

ស្ររូវសាលី
búza

សណ្ដរៃកសរ្រៀង
szója

ជំឡ្បងជុក
burgonya

ពរហោត
kukorica

គុរាប់ប្ររង៉រៃប
repcemag

ជរ៉ើមឈរ៉ើហ្បុបផ្លរៃ
gyümölcsfa

ជំឡ្បងម៉ី
manióka

ធញ្ញជាតិ
gabona

កសិដុហ្ាន - gazdálkodás

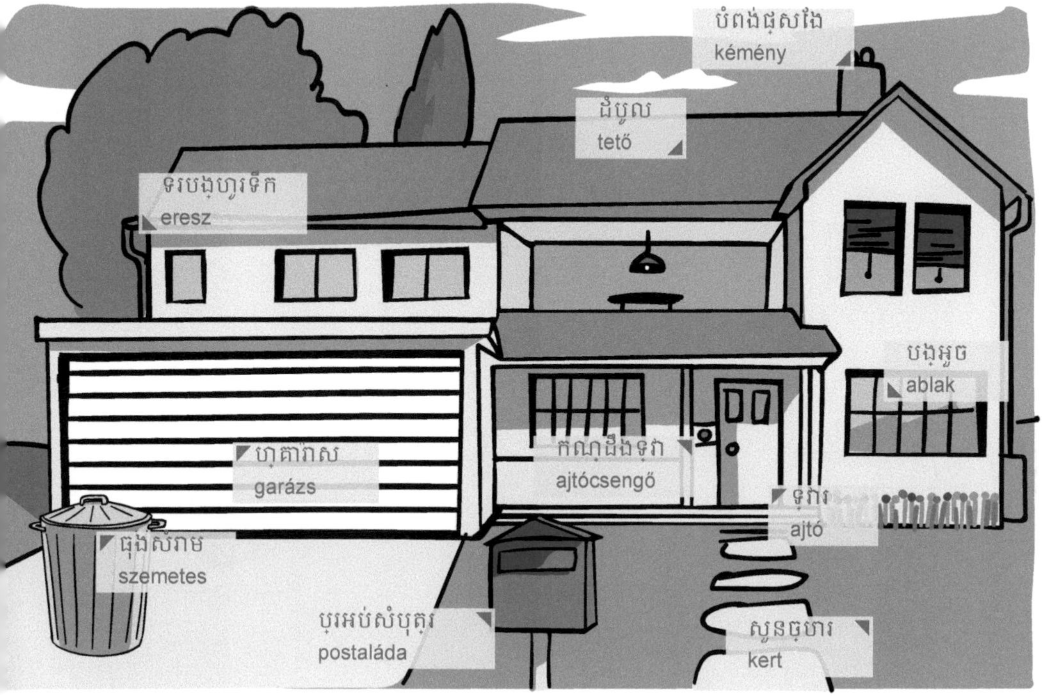

ház

បំពង់ផ្សែង
kémény

ដំបូល
tető

ទរបង្ហូរទឹក
eresz

បង្អួច
ablak

ហ្គារ៉ាស
garázs

កណ្ដឹងទ្វារ
ajtócsengő

ទ្វារ
ajtó

ធុងសំរាម
szemetes

បុរេប្រអប់សំបុត្រ
postaláda

ស្វនច្បារ
kert

បន្ទប់ទទួលភ្ញៀវ
nappali

បន្ទប់ទឹក
fürdőszoba

ផ្ទះបាយ
konyha

បន្ទប់គេង
hálószoba

បន្ទប់របស់កុមារ
gyerekszoba

បន្ទប់ទទួលទានអាហារ
ebédlő

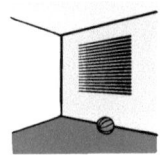

ជាន់

padló

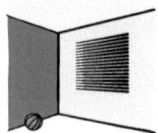

ជញ្ជាំង

fal

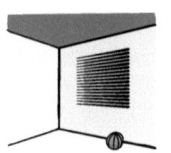

ពិដាន

plafon

បន្ទប់ក្រោមដី

pince

សូណា

szauna

យ៉័រ

erkély

ផ្ទៃរាបស្មើនៅជមួរាល
ក្នុំ

terasz

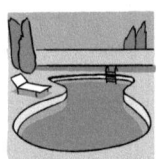

អាងហែលទឹក

medence

ម៉ាស៊ីនកាត់ស្មៅ

fűnyíró

សន្លឹក

lepedő

កម្រាលគ្រែដែកេ

ágytakaró

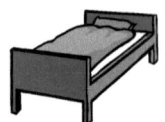

គ្រែ

ágy

អំបោស

seprű

ធុង

vödör

កុងតាក់

kapcsoló

បន្ទប់ទទួលភ្ញៀវ
nappali

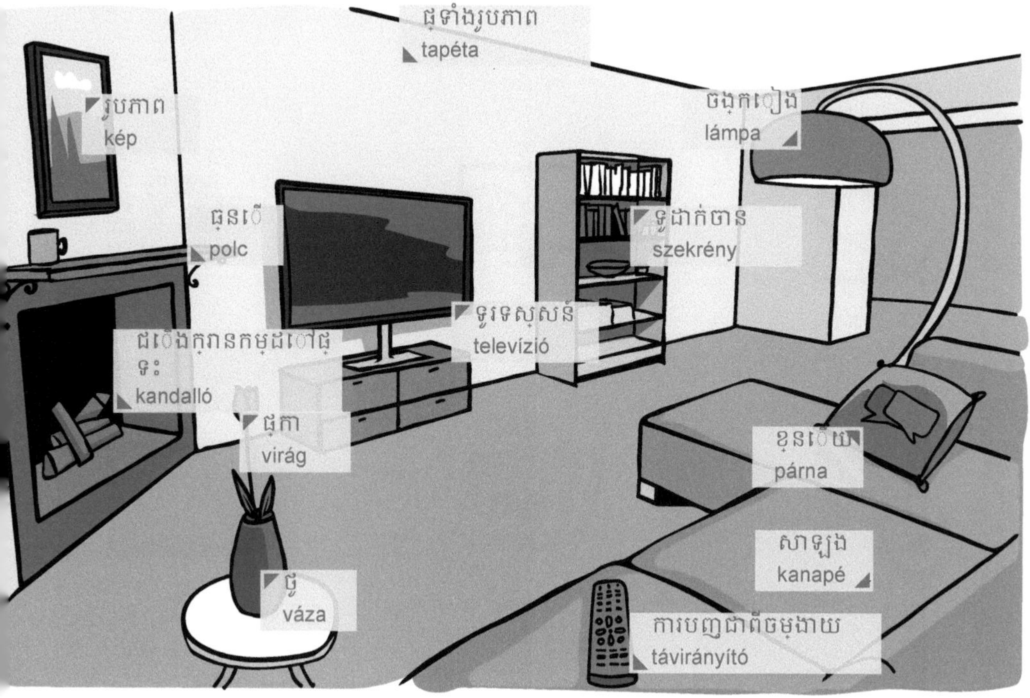

ផ្ទាំងរូបភាព
tapéta
រូបភាព
kép
ចង្កៀង
lámpa
ធ្នើ
polc
ទូដាក់ចាន
szekrény
ទូរទស្សន៍
televízió
ជើងក្រានកម្ដៅផ្ទះ
kandalló
ផ្កា
virág
ខ្នើយ
párna
សាឡុង
kanapé
ថូ
váza
ការបញ្ជាពីចម្ងាយ
távirányító

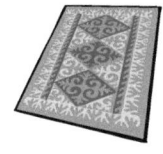

កម្រាលព្រំ
....
szőnyeg

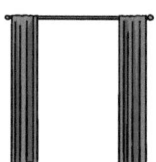

វាំងនន
....
függöny

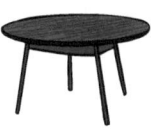

តុ
....
asztal

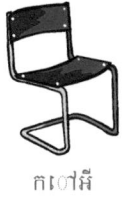

កៅអី
....
szék

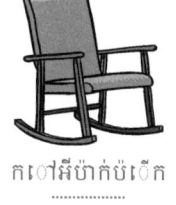

កៅអីប៉ាក់ប៉ើក
....
hintaszék

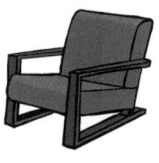

កៅអីភ្នាក់ដៃ
....
karosszék

សៀវភៅ

könyv

ភួយ

takaró

ការតុបតែង

dekoráció

អុសដុត

tűzifa

ខុសវិភាពយន្ត

film

ឧបករណ៍ Hi-Fi

hifi

កូនសោ

kulcs

កាសែត

újság

តំនូរ

festmény

ផ្ទាំងរូបភាព

poszter

វិទ្យុ

rádió

ណូតផតគេ

jegyzetfüzet

ម៉ាស៊ីនបូមធូលី

porszívó

ដំបងយក្ស

kaktusz

ទៀន

gyertya

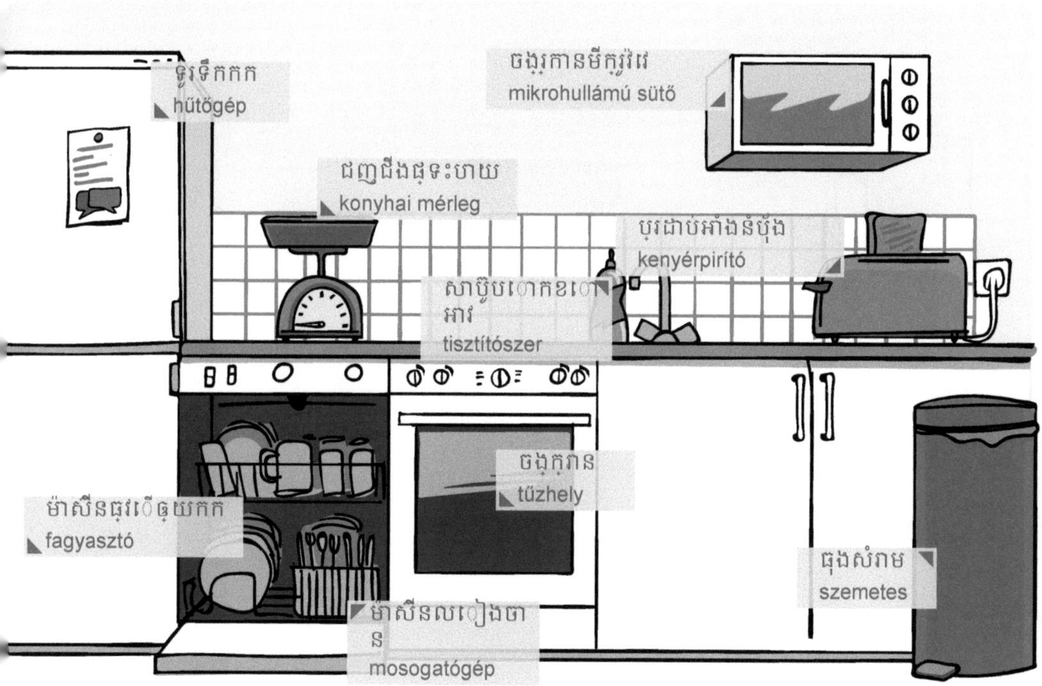

ទូរទឹកកក
hűtőgép

ចង្ក្រានមីក្រូវែវ
mikrohullámú sütő

ជញ្ជីងផ្ទះបាយ
konyhai mérleg

បុរដាប់អាំងនំប៉័ង
kenyérpirító

សាប្ញូបពោកខោអាវ
tisztítószer

ចង្ក្រាន
tűzhely

ម៉ាស៊ីនធ្វើឱ្យកក
fagyasztó

ផុងសំរាម
szemetes

ម៉ាស៊ីនលាងចាន
mosogatógép

ចង្ក្រាន

tűzhely

ឆ្នាំង

edény

ឆ្នាំងដែកែ

vasfazék

ខ្ទះ / ខ្ទះផណ្ឌខា

wok / kadai

ខ្ទះ

serpenyő

កំសៀរ

vízforraló

ឆ្នាំងចំហុយ
....
pároló

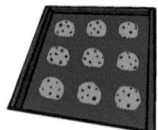

ថាសដុតនំ
....
tepsi

គ្រឿងចានឆ្នាំងដី
....
étkészlet

ថ្វ
....
bögre

ចានតូចមូល
....
tálka

ចង្កឹះ
....
evőpálcika

វែកសមុល
....
merőkanál

វែកកូរ
....
keverőlapátka

ប្រដាប់វាយស៊ុតឡ្បក
....
habverő

តម្រង
....
szűrő

កន្ទុកួង
....
szita

ប្រដាប់កោសដួង
....
reszelő

គ្រហាល់
....
mozsár

ការអាំងសាច់
....
grillsütő

ចង្ក្រានចំហា
....
kandalló

ជួរញ្
vágódeszka

ប្រដាប់កិនម្សៅ
sodrófa

ប្រដាប់មូរបើកឆ្នុកស្រា
dugóhúzó

កំប៉ុង
doboz

ប្រដាប់បើកកំប៉ុង
konzervnyitó

ករណាត់ទ្រប់ឆ្នាំង
edényfogó

កន្លែលាងចាន
mosogató

ជក់
kefe

អប៉ុង
szivacs

ម៉ាស៊ីនកូរឡ្បក
turmixgép

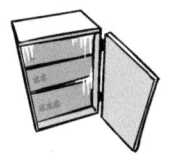

ទូទឹកកកខ្លាំងកត្កូច
mélyhűtő

ដបទឹកដោះគោពោ
cumisüveg

រ៉ូប៊ីណេ
csap

បន្ទប់ទឹក
fürdőszoba

កម្ដៅ
fűtés
ផ្កាឈូក
zuhany
កន្សែង
törölköző
វាំងននងូតទឹកផ្កាឈូក
zuhanyfüggöny
ការងូតទឹកពពុះ
habfürdő
អាងងូតទឹក
kád
កែវ
pohár
ម៉ាស៊ីនបោកគក់
mosógép
រ៉ូប៊ីណេ
csap
ក្រឡាក្បឿង
csempe
ចានបង្គន់
bili
កន្លែងលាងចាន
mosogató

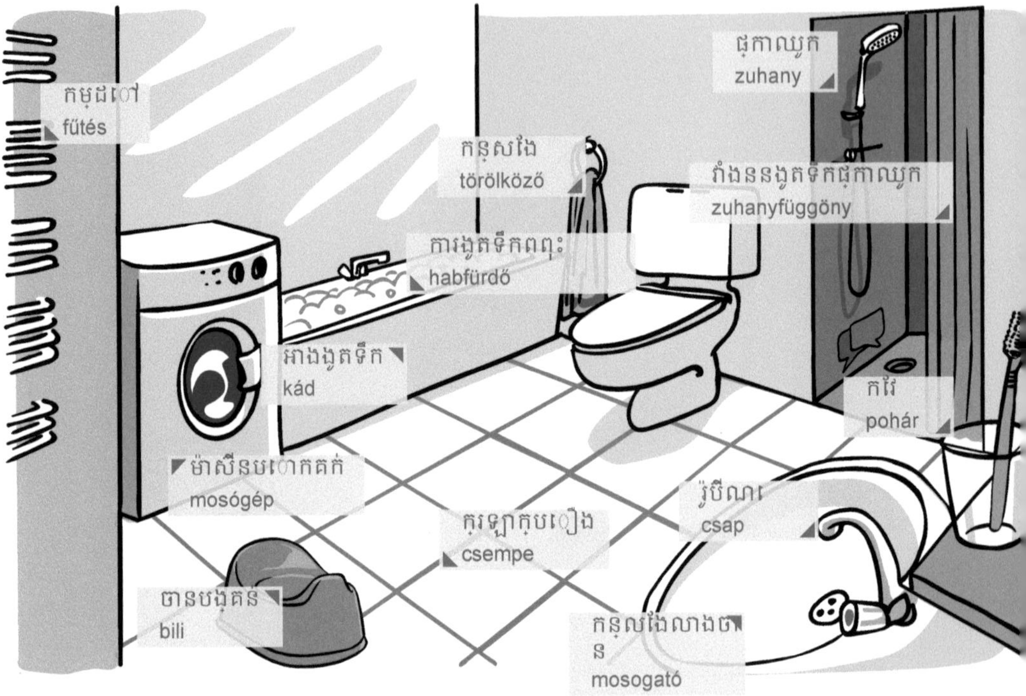

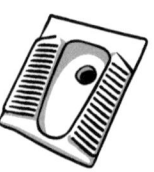

បង្គន់
toalett

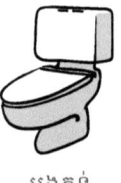

បង្គន់អង្គុយ
guggolós toalett

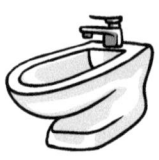

ជើងជម្រះកាយ
bidé

ក្បាលទឹកនោម
piszoár

ក្រដាសបង្គន់
toalett papír

ច្រាសដុសបង្គន់
wc kefe

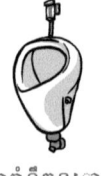

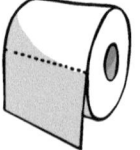

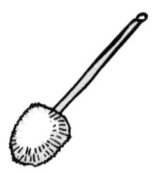

ច្រាសដុសធ្មេញ
fogkefe

ថ្នាំដុសធ្មេញ
fogkrém

ខ្សែទាក់សម្អាតធ្មេញ
fogselyem

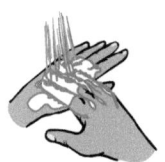

លាង
mosni

បូរដាប់ដាក់ដៃផ្ទែកាឡូក
kézi zuhany

ទឹកថ្នាំសម្រាប់ហាញ់លាង
intimzuhany

អាង
mosdótál

ច្រាសដុសខ្នង
hátmosó kefe

សាប៊ូ
szappan

ជលៃសម្រាប់ងូតទឹកផុតកាឡូ
tusfürdő

សាប៊ូ
sampon

សក្លាត
mosdókesztyű

បំពង់បង្ហូរទឹក
lefolyó

ក្រមៃ
krém

ថ្នាំបំហាត់ក្លិនអាក្រក់
dezodor

កញ្ចក់

tükör

កញ្ចក់ដៃ

kézitükör

ប្រដាប់កោរ

borotva

ហ្វូមកោរពុកមាត់

borotvahab

ទឹកលាងក្រោយកោរពុកម
...ាត់រួច...
borotválkőzás utáni
arcszesz

ក្រាស

fésű

ជក់

hajkefe

ប្រដាប់សម្ងួតសក់

hajszárító

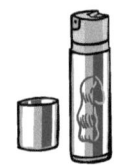

ស្ព្រាយហាញ់សក់

hajlakk

ការតុបតែងមុខ

smink

ក្រមែលាបមាត់

ajakrúzs

ថ្នាំលាបក្រចក

körömlakk

រោមកប្បាស

vatta

កន្ត្រៃកោត់ក្រចក

körömvágó olló

ទឹកអប់

parfüm

កាបូបបពោកតក់

neszesszer

លាមក

sámli

ជញ្ជីងថ្លឹងទម្ងន់

mérleg

អាវពាក់ងូតទឹក

köntös

ស្រោមដៃពៅស្ទ្យ

gumikesztyű

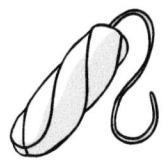

ឆ្នុក

tampon

កន្សែងអនាម័យ

egészségügyi betét

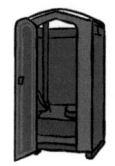

បង្គន់គីមី

vegyi WC

បន្ទប់របស់កុមារ

gyerekszoba

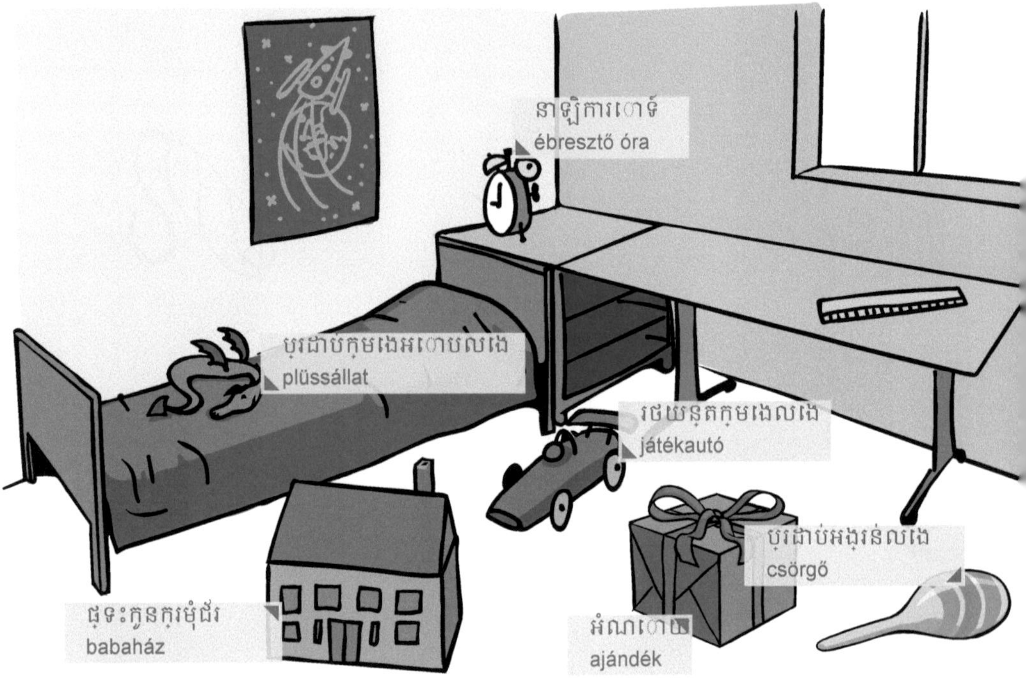

នាឡិការោទ៍
ébresztő óra
ប្រដាប់ក្មេងអោបលេង
plüssállat
រថយន្តក្មេងលេង
játékautó
ប្រដាប់អង្រន់លេង
csörgő
ផ្ទះកូនក្រមុំជ័រ
babaház
អំណោយ
ajándék

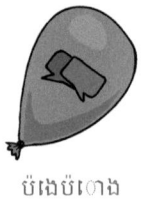

ប៉េងប៉ោង

lufi

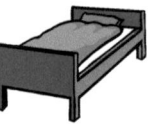

គ្រែ

ágy

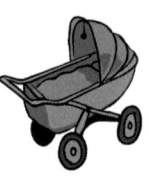

រទេះរុញទារក

babakocsi

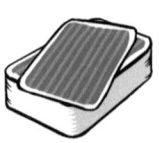

ហ៊ីបបៀ

kártyapakli

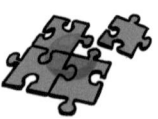

រូបផ្គុំ

kirakós játék

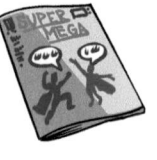

កំប្លែង

képregény

ឥដ្ឋបl Lego

építőkockák

បុលុកបុរដោប់កុម សេលេង

építőelem

ក្លូលខេសកម្មភាព

szuperhős

ខោអាវទារក

rugdalózó

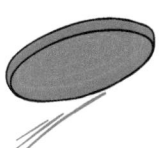

ការគប់ចាស

frizbi

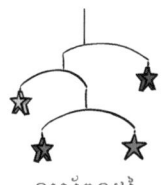

ទូសព័ព្ទដរ

zenélő forgó

កុតារលេបង

társasjáték

គុរាប់ឡ្បកឡ្យក់

kocka

ឈុតរថភ្លលៈេងគុំវ

modellvasút

រូបសំណាក

cumi

គណបកុស

zsúr

សរៀវភៅរូបភាព

képeskönyv

ហាល់

labda

កូនក្ុរម្ុំតុក្កតា

baba

លង

játszani

រណ្ដៅទៅខ្សាច់

homokozó

ទទេង

hinta

ប្រដាប់កុមដេងលេង

játékok

កុងស៊ូលវីដេអូហ្គតមេ

videójáték konzol

គុរីចក្រយានយន្ត

tricikli

តុក្កតាខុលាយុមុំ

teddi maci

ទូខោអាវ

ruhásszekrény

ស្រោមជើង

zokni

ស្រោមជើងវែង

harisnya

ខោទុរនាប់នារី

harisnyanadrág

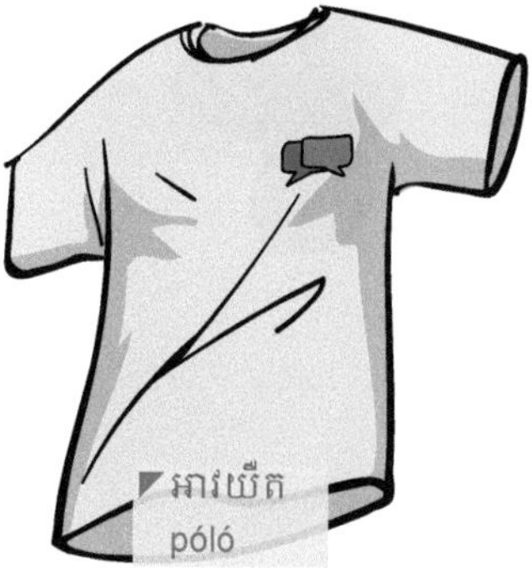

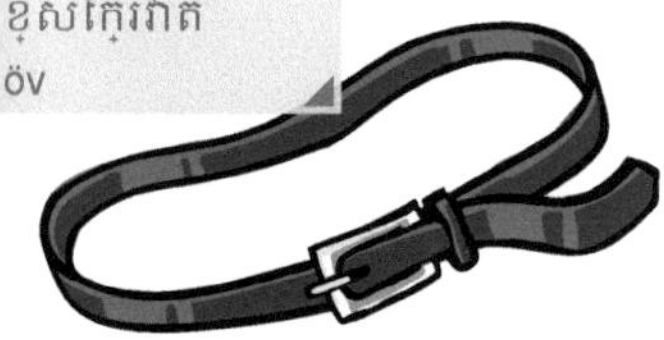

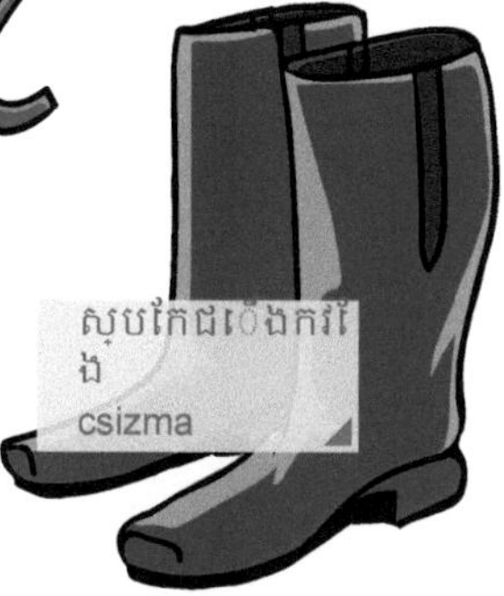

កុម្ភៈ
sál

ឆត្រ
esernyő

ខ្សែក្រវាត់
öv

អាវយឺត
póló

ស្បែកជើងបាតា
tornacipó

ស្បែកជើងករវែង
csizma

ស្បែកជើងពាក់នៅទូ:
papucs

ស្បែកជើងសង្រែក
szandál

ស្បែកជើង
cipő

ស្បែកជើងករវែងកៅស៊ូ
gumicsizma

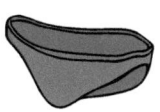

ខោទ្វេនាប់បុរស
alsónadrág

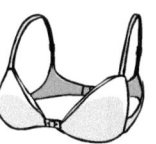

អាវទ្រនាប់
melltartó

អាវកាក់
mellény

រាងកាយ

body

ខោទ្រវែង

nadrág

ខោខ្ទវបិយ

farmer

សំពត់

szoknya

អាវក្រវៅ

blúz

អាវ

ing

អាវយឺត

pulóver

អាវយឺត

kapucnis pulóver

អាវធំ

blézer

អាវក្រវៅ

dzseki

អាវធំ

kabát

អាវភ្លៀងៀង

esőkabát

គុរៀងតវែ

kosztüm

អាវរវែ

ruha

សំលៀកបំពាក់អាពាហ៍ពិពា
ហ៍

esküvői ruha

ខោអាវឈុត

öltöny

រ៉ូបរាត្រី

hálóing

ឈុតគេង

pizsama

សារី

szári

កន្សែងជូតក្បាល

fejkendö

ផ្នួត

turbán

សុបម៉ែខ

burka

kaftan

kaftán

abaya

abaya

ឈុតហាលែទឹក

fürdőruha

ខោខ្លី

fürdőnadrág

ខោខ្លី

rövidnadrág

ឈុតហាត់កីឡា

tréningruha

អាវអេប្រៀម

kötény

ស្រោមដៃ

kesztyü

ឡូវអោវ

gomb

វ៉ែនតា

szemüveg

ខ្សែដៃ

karkötő

ខ្សែកៃ

nyaklánc

ចិញ្ចៀន

gyűrű

កុរិល

fülbevaló

មួក

sapka

បុរដាប់ពួយអោវកុរៅ

vállfa

មួក

kalap

កុរវាត់ក

nyakkendő

រូត

cipzár

មួកសុវត្ថិភាព

bukósisak

ខុសវ៉

nadrágtartó

ឯកសណ្ឋានសាលា

iskolai egyenruha

ឯកសណ្ឋាន

egyenruha

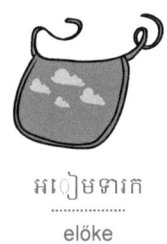

អៀមទារក

elõke

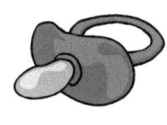

រូបសំណាក

cumi

ខោទឹកនោម

pelenka

ការិយាល័យ

iroda

ម៉ាសីនមេ
szerver
ទូឯកសារ
irattartó szekrény
ម៉ាសីនបោះពុម្ព
nyomtató
ក្រដាស
papír
ម៉ូនីទ័រ
képernyő
កណ្តុរ
egér
តុការិយាល័យ
íróasztal
សឺមី
mappa
ក្តារចុច
billentyűzet
កន្ត្រកដាក់សំរាមក្រដាស
papír-hulladék gyűjtő
កុំព្យូទ័រ
számítógép
កៅអី
szék

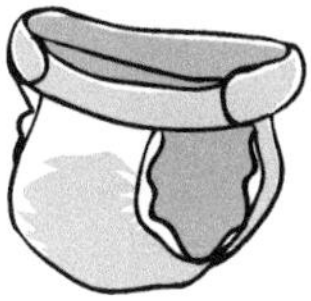

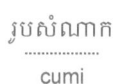

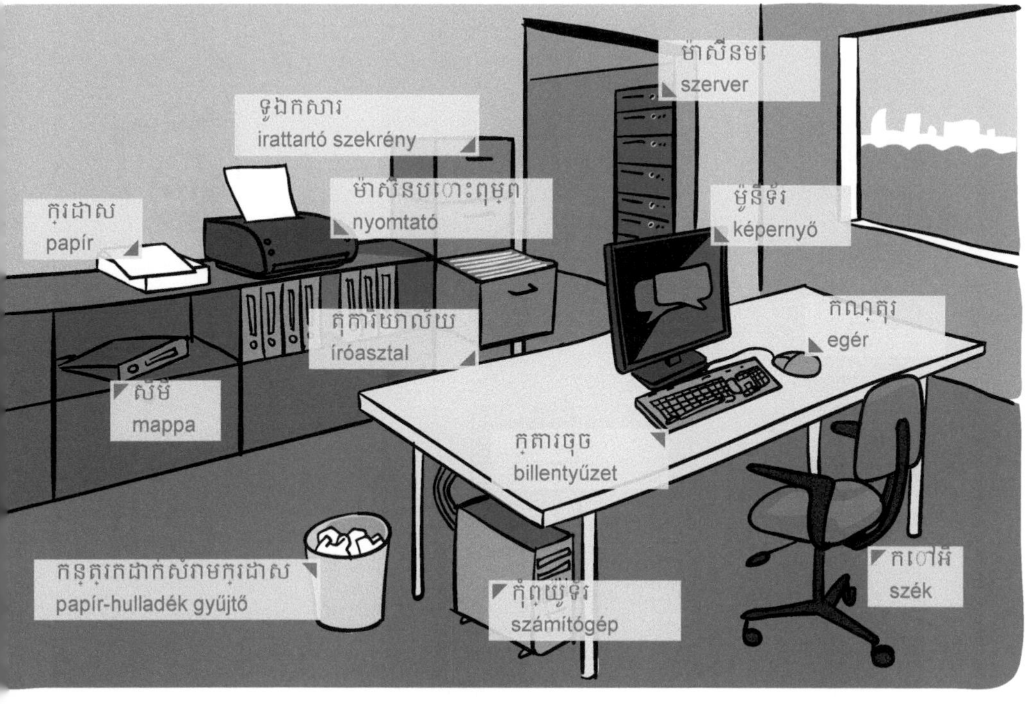

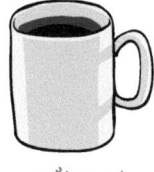

កែវកាហ្វេ

kávéscsésze

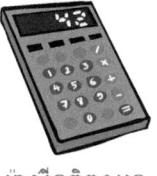

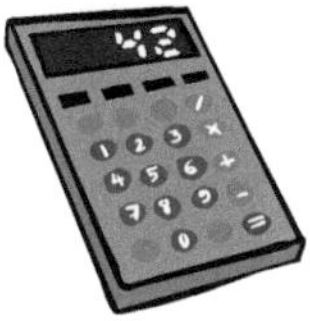

ម៉ាសីនគិតលេខ

számológép

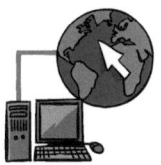

អ៊ីនធឺណិត

internet

កុំព្យូទ័រយួរដៃ

laptop

លិខិត

levél

សារ

üzenet

ទូរស័ព្ទដៃ

mobiltelefon

បណ្តាញ

hálózat

ម៉ាស៊ីនថតចម្លង

fénymásoló

សូហ្វវែរ

szoftver

ទូរស័ព្ទ

telefon

នុនធជោគ

konnektor

ម៉ាស៊ីនទូរសារ

faxgép

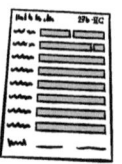

ទម្រង់បែបបទ

formanyomtatvány

ឯកសារ

dokumentum

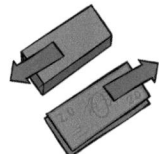

ទិញ

venni

បង់ប្រាក់

fizetni

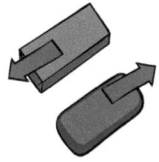

ធ្វើរ៉ជំនួញ

kereskedni

លុយ

pénz

ប្រាក់ដុល្លារ

dollár

ប្រាក់អឺរ៉ូ

euró

ប្រាក់យ៉េន

jen

ប្រាក់រ៉ូប៊ិល

rubel

ហ្វ្រង់ស្វីស

svájci frank

ប្រាក់យ៉ន

kínai jüan

ប្រាក់រ៉ូពី

rúpia

កន្លែងដែលប្រើរ៉សាច់ប្រាក់

bankautomata

ការិយាល័យប្តូរប្រាក់

valutaváltó iroda

មាស

arany

ប្រាក់

ezüst

ប្រេង

olaj

ថាមពល

energia

តម្លៃ

ár

កិច្ចសន្យា

szerződés

ពន្ធ

adó

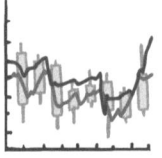

ភាគហ៊ុន

részvény

ធ្វើការ

dolgozni

បុគ្គលិក

munkavállaló

និយោជក

munkaadó

រោងចក្រ

gyár

ហាង

üzlet

មនុស្សប៉ូលិស
rendőr

អ្នកពន្លត់អគ្គិភ័យ
tűzoltó

ធ្ងករទៅ
szakács

វេជ្ជបណ្ឌិត
orvos

អ្នកបើកយន្តហោះ
pilóta

អ្នកថែស្វន
kertész

ជាងឈើ
kárpitos

ជាងកាត់ដេរ
varrónő

ចៅក្រម
bíró

គីមីវិទ្ទ
vegyész

តួកុន
színész

អ្នកបើកឡានក្រុង

buszsofőr

អ្នកបើកតាក់ស៊ី

taxisofőr

អ្នកនេសាទ

halász

សុត្តីអ្នកសម្អាត

bejárónő

ជាងដំបូល

tetőfedő

អ្នករត់តុ

pincér

អ្នកបរបាញ់សត្វ

vadász

វិចិត្រករ

festő

អ្នកដុតនំ

pék

ជាងអគ្គីសនី

villanyszerelő

ជាងសំណង់

építőmunkás

វិស្វករ

mérnök

អ្នកកាប់សាច់

hentes

ជាងជួសជុលទុយោវទឹក

vízvezeték-szerelő

អ្នករត់សំបុត្រ

postás

ទាហាន

katona

សុថាបត្យករ

építész

បេ្ឡា

eladó

អ្នកលក់ផ្កា

virágos

អ្នកអ៊ិតសក់

fodrász

អ្នកយកលុយ

kalauz

ជាងម៉ាស៊ីន

műszerész

កាពីទែន

kapitány

ពទេ្យធ្មេញ

fogorvos

អ្នកវិទ្យាសាស្ត្រ

tudós

គ្រូបង្រៀនច្បាប់សញ្ជាតិជ៊ីហ៊ូវ

rabbi

លោកសង្ឃយចាម

imám

ព្រះសង្ឃ

szerzetes

បព្វជិត

lelkész

ឧបករណ៍

szerszámok

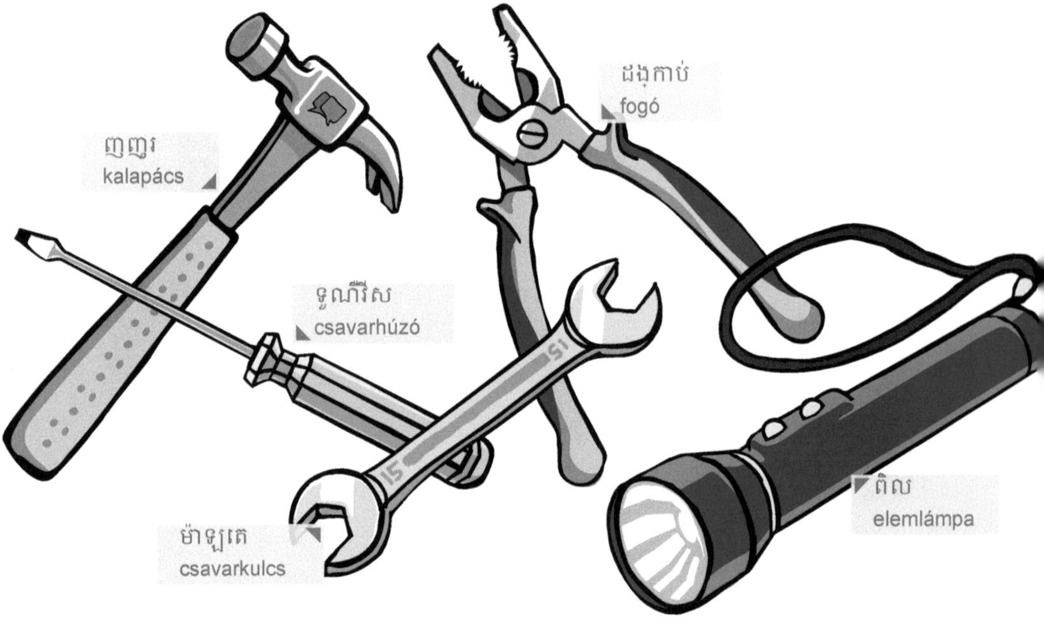
ញញួរ
kalapács
ដង្កាប់
fogó
ទួណឺវីស
csavarhúzó
ម៉ាឡេត
csavarkulcs
ពិល
elemlámpa

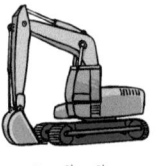

ម៉ាស៊ីនជីក

markológép

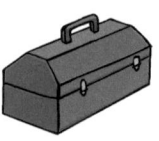

ប្រអប់ឧបករណ៍

szerszámosláda

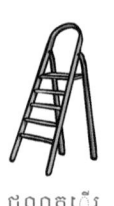

ជណ្តើរ

vödör

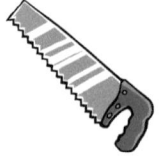

រណារ

fűrész

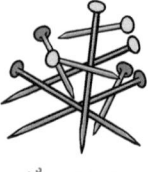

ដែកគោល

szög

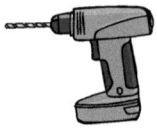

ប្រដាប់ស្វាន

fúrógép

ជួសជុល

megjavítani

ប៉ែល

lapát

ចង្រៃ!

A francba!

ចបដាប់ចុកធូលី

szemétlapát

ធុងថ្នាំពណ៌

festékesdoboz

វីស

csavar

ឧបករណ៍តន្ត្រី
hangszerek

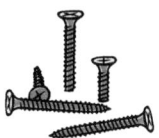

ឧបករណ៍បំពងសំឡេង

hangszóró

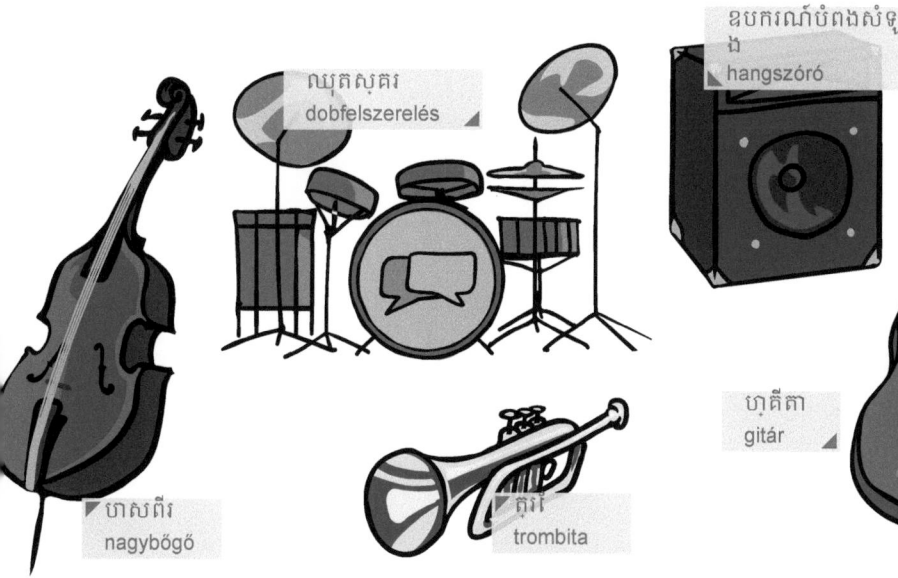

ឈុតសុគរ

dobfelszerelés

ហ្គីតា

gitár

បាសពីរ

nagybőgő

ត្រែ

trombita

ពុយាណូ

zongora

វីយូឡុង

hegedű

ហាស

basszusgitár

សុតរពោសសុបតែមុយ៉ាង

üstdob

សុតរ

dobok

យីបត

digitális zongora

សាក់សូហ្វុន

szaxofon

ខុលុយ

fuvola

មីក្រូហ្វុន

mikrofon

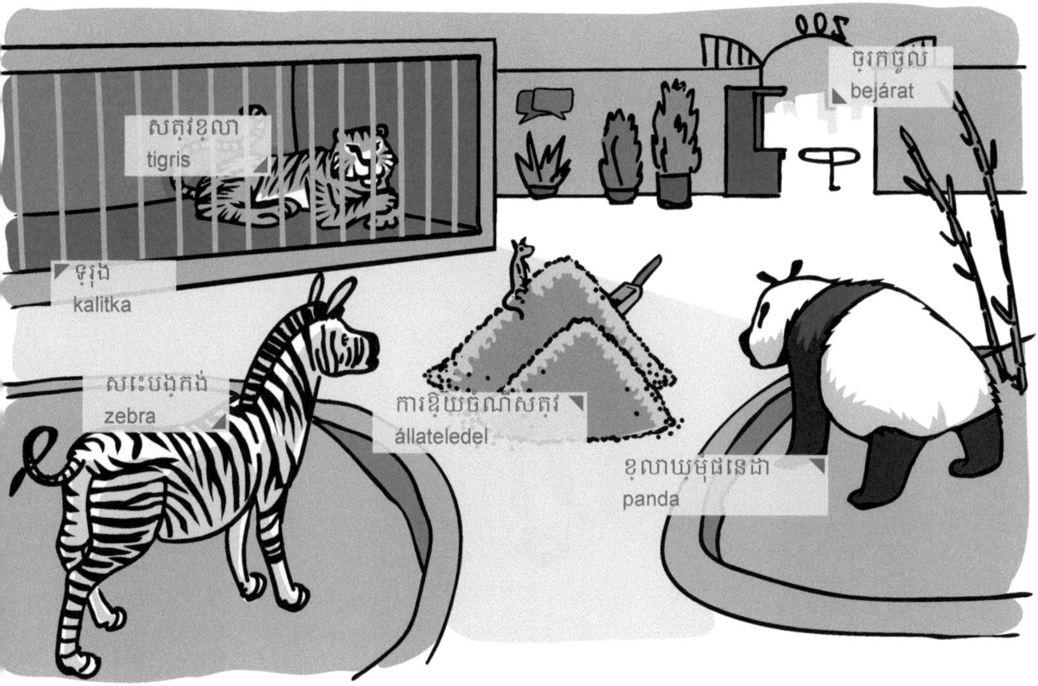

សត្វខ្លា
tigris

ចូរកច្ចូល
bejárat

ទ្រុង
kalitka

សរះបង្កង់
zebra

ការឱ្យចំណីសត្វ
állateledel

ខ្លាឃ្មុំផ្នែដា
panda

សត្វ

állatok

សត្វដំរី

elefánt

សត្វកង់ហ្គារូ

kenguru

សត្វរមាស

orrszarvú

សត្វស្វាហ្គ័ររីឡ្យា

gorilla

ខ្លាឃ្មុំពណ៌ត្នោត

medve

សត្វអូដ្ឋប
teve

សត្វអូទ្រីស
strucc

សត្វតោ
oroszlán

ស្វា
majom

សត្វកុររៀល
flamingó

សកែ
papagáj

ខ្លាឃ្មុំតំបន់ប៉ូល
jegesmedve

ផេនឃ្វីន
pingvin

គ្រីឆ្លាម
cápa

ក្ងោក
páva

សត្វពស់
kígyó

ក្រពើ
krokodil

អ្នករក្សាសូនសត្វ
állatgondozó

ផ្សោតទឹក
fóka

ខ្លារខិនមួយៗ
jaguár

ក្មនសៈ

póniló

ខ្លារខិន

leopárd

សត្វដ៏រទឹក

víziló

សត្វកវែង

zsiráf

ផន្ទុរី

sas

ជ្រូក

vaddisznó

ត្រី

hal

អណ្ដកេឹក

teknős

លហោមមចូបា

rozmár

កញ្ជរពោង

róka

កដាន់

gazella

កីឡា

កីឡាហាត់ទាត់អាមេរិក
amerikai futball

ការបុរណាំងកង់
kerékpározás

កីឡាថេនិស
tenisz

កីឡាហាល់បះេះ
kosárlabda

កីឡាហាលែទឹក
úszás

កីឡាវាយក្ដុនហាល់លេទឹកកក
jégkorong

កីឡាប្រដាល់
boksz

កីឡាហាល់ទាត់
futball

កីឡាវាយស៊ី
tollas

អត្តពលកម្ម
atlétika

កីឡាហាល់កាន់
kézilabda

ការជិះស្គី
síelés

ប៉ូម្ម
lovaspóló

សកម្មភាពនានា
tevékenységek

សើច
nevetni
លោត
ugrani
ឱប
ölelni
ច្រៀង
énekelni
ដើរ
sétálni
សុបិន្ត
álmodni
អធិស្ឋាន
dicsérni
ថើប
csókolni

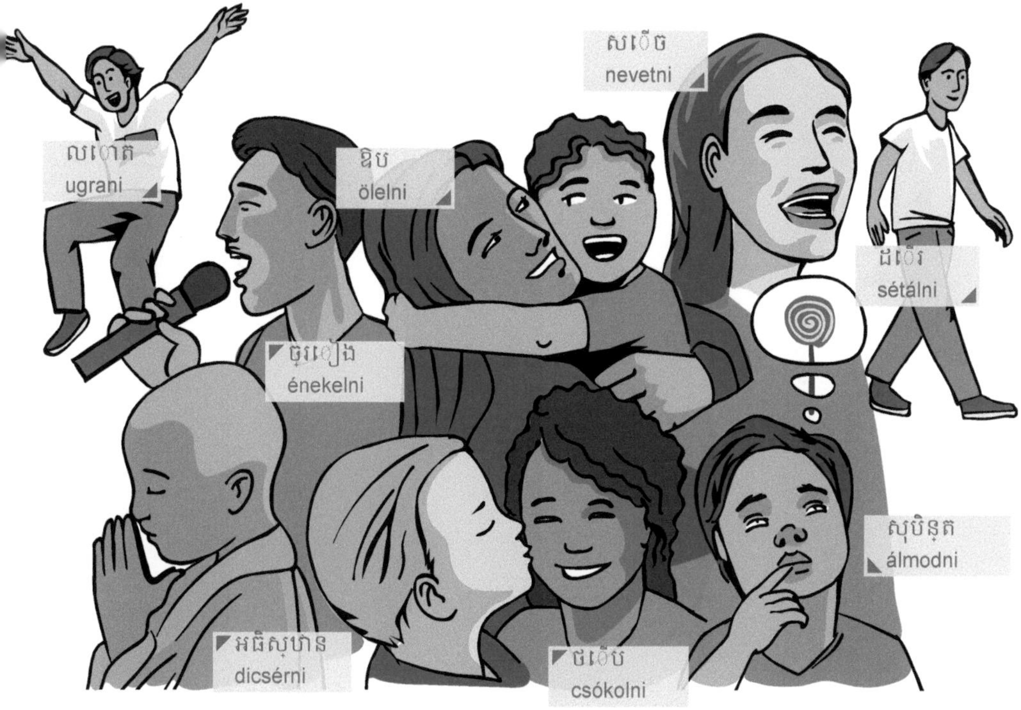

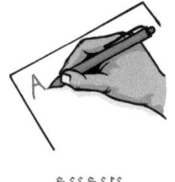

សរសេរ

írni

គូរ

rajzolni

បង្ហាញ

mutatni

រុញ

tolni

ឲ្យ

adni

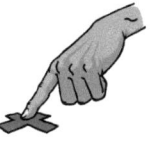

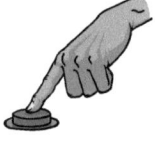

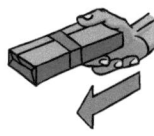

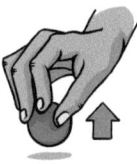

យក

vinni

មាន

birtokolni

ធុរ្វើ

csinálni

គឺ

lenni

ឈរ

állni

រត់

futni

ទាញ

húzni

បោះ

hajít

ធ្លាក់

esni

កុហាក

hazudni

រង់ចាំ

várni

យួរ

vinni

អង្គុយ

ülni

ស្លៀកៀកពាក់

felvenni

ដេក

aludni

ភ្ញាក់ឡ្លេឡ្វើង

felébredni

មមើល

ránézni

យំ

sírni

គូសវាស

simogat

សិតសក់

fésülni

និយាយ

beszélni

យល់

megérteni

សួរ

kérdezni

ស្ដាប់

hallgatni

ផឹក

inni

បរិភោគ

enni

សម្អាត

takarítani

សុរលាញ់

szeretni

ចម្អិន

főzni

បើកបរ

vezetni

ហោះ

szállni

ចែកទូក

vitorlázni

គណនា

számol

អាន

olvasni

រៀន

tanulni

ធ្វើការ

dolgozni

រៀបការ

házasodni

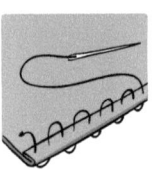

ដេរ

varrni

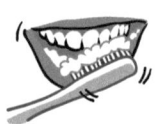

ដុសធ្មេញ

fogat mosni

សម្លាប់

ölni

ជក់

dohányozni

ផ្ញើ

küldeni

ក្រុមគ្រួសារ
család

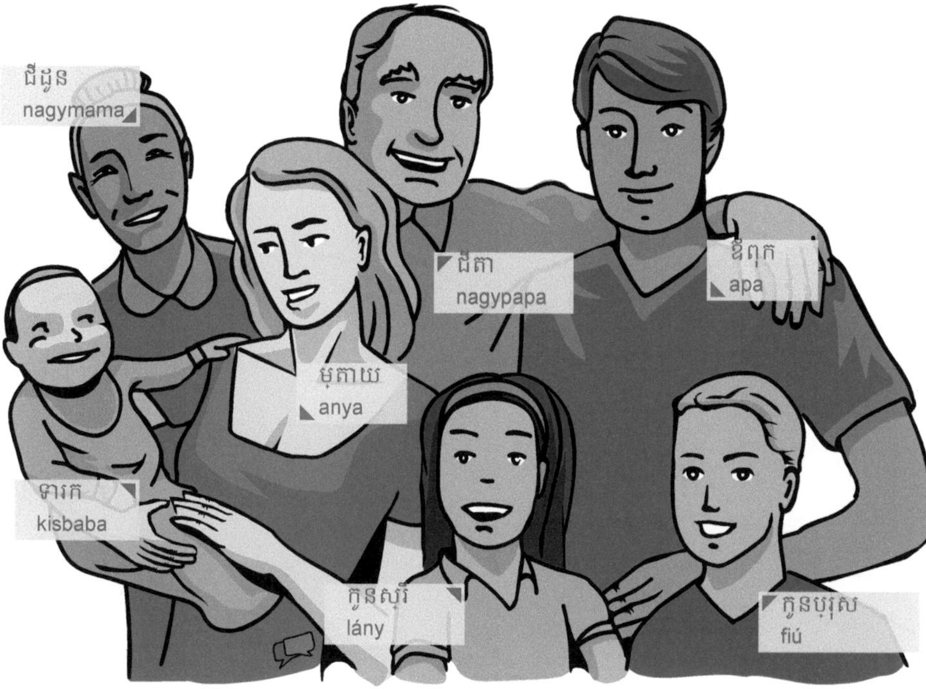

ជីដូន
nagymama
ជីតា
nagypapa
ឪពុក
apa
ម្តាយ
anya
ទារក
kisbaba
កូនស្រី
lány
កូនប្រុស
fiú

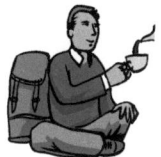

ភ្ញៀវ
vendég

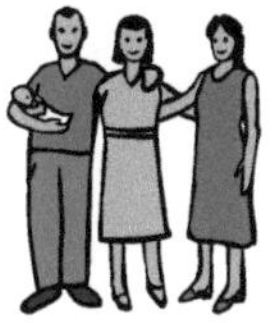

មីង
nagynéni

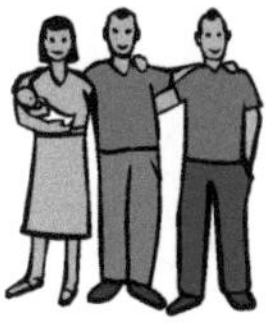

ពូ
nagybácsi

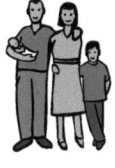

បងប្អូនប្រុស
fiútestvér

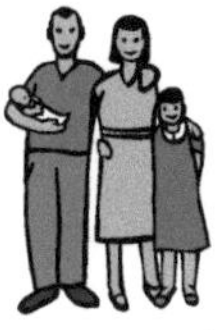

បងប្អូនស្រី
lánytestvér

រាងកាយ

test

ថ្ងាស
homlok
ភ្នែក
szem
ស្មា
váll
ម្រាមដៃ
ujj
មុខ
arc
ចង្កា
áll
ដៃ
kéz
ជើង
láb
សុដន់
mell
ដៃ
kar

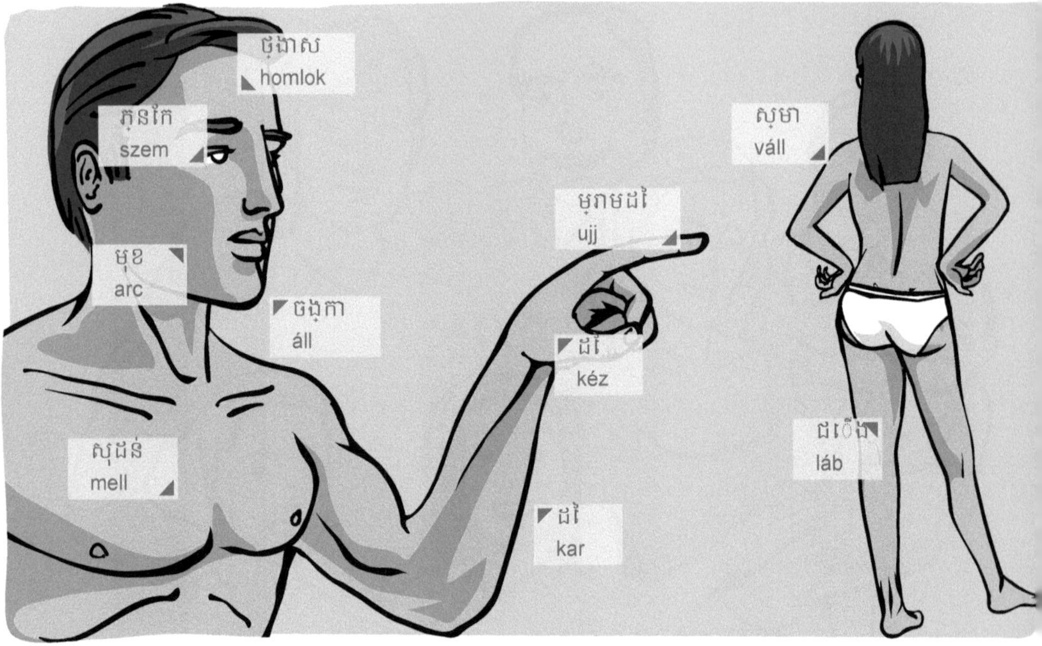

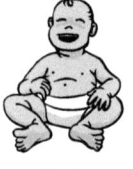

ទារក

kisbaba

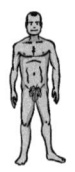

បុរស

ember

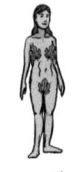

ស្ត្រី

nő

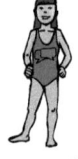

ក្មេងស្រី

lány

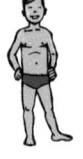

ក្មេងប្រុស

fiú

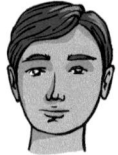

ក្បាល

fej

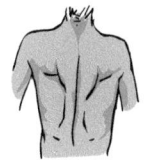

ខ្នង

hát

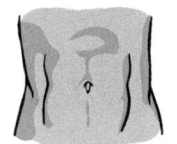

ពោះ

has

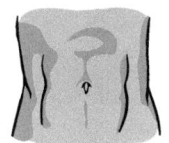

ផ្ចិត

köldök

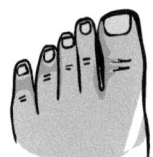

ម្រាមជើង

lábujj

កែងជើង

sarok

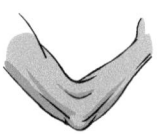

ឆ្អឹង

csont

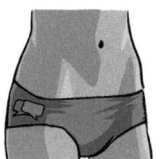

គូទគោក

csípő

ជង្គង់

térd

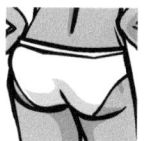

កែងដៃ

könyök

ច្រមុះ

orr

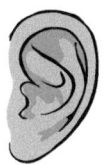

គូទ

fenék

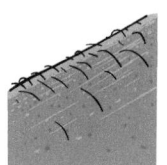

ស្បែក

bőr

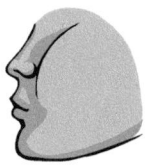

ថ្ពាល់

orca

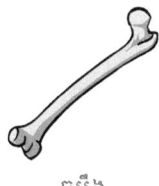

ត្រចៀក

fül

បបូរមាត់

ajak

មាត់

száj

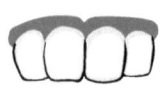

ធ្មេញ

fog

អណ្តាត

nyelv

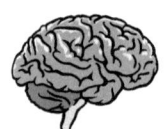

ខួរក្បាល

agy

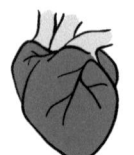

បេះដូង

szív

សាច់ដុំ

izom

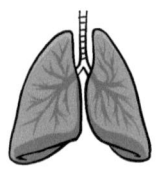

សួត

tüdő

ថ្លើម

máj

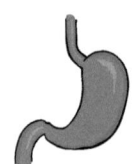

ក្រពះ

gyomor

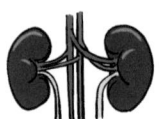

តម្រងនោម

vese

ការរួមភេទ

szex

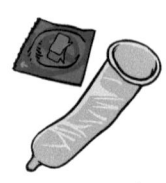

ស្រោមអនាម័យ

kondom

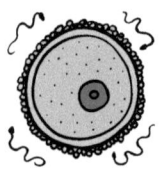

អូវុល

petesejt

ទឹកកាម

sperma

ការមានផ្ទៃពោះ

terhesség

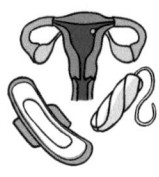

មករដ្ឋវ
menstruáció

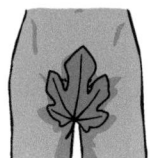

ទ្វារមាស
vagina

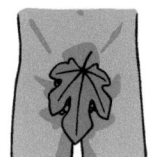

លិង្គ
pénisz

ចិញ្ចើមភ្នែម
szemöldök

សក់
haj

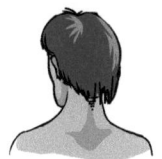

ក
nyak

មន្ទីរពេទ្យ
kórház

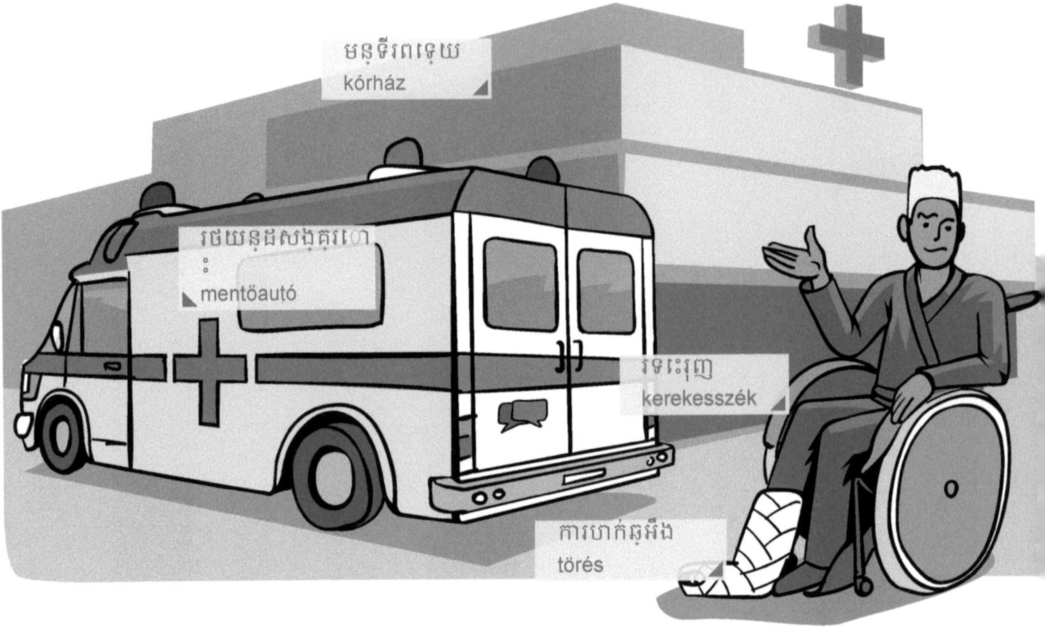

មន្ទីរពេទ្យ
kórház
រថយន្តសង្គ្រោះ
mentőautó
រទេះរុញ
kerekesszék
ការបាក់ឆ្អឹង
törés

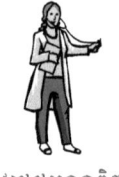

វេជ្ជបណ្ឌិត

orvos

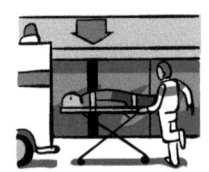

បន្ទប់សង្គ្រោះបន្ទាន់

sürgősségi osztály

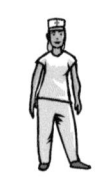

គិលានុបដ្ឋាយិកា

ápoló

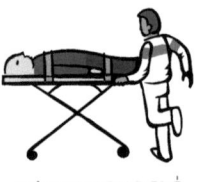

សង្គ្រោះបន្ទាន់

vészhelyzet

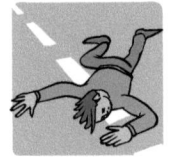

សន្លប់

eszméletlen

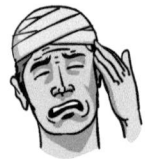

ការឈឺចាប់

fájdalom

ការរងរបួស

sérülés

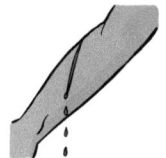

ការហូរឈាម

vérzés

គាំងបេះដូង

szívroham

មុឌឺដាច់សរសៃឈាមក្នុង
ក្បាល
szélütés

អាលែកហ្ស៊ី

allergia

ក្អក

köhögés

ជំងឺគ្រុន

láz

ជំងឺផ្តាសាយ

influenza

ជំងឺរាគរួស

hasmenés

ឈឺក្បាល

fejfájás

ជំងឺមហារីក

rák

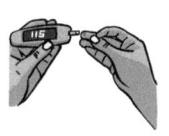

ជំងឺទឹកនោមផ្អែម

cukorbetegség

គ្រូពេទ្យវះកាត់

sebész

កាំបិតវះកាត់

szike

បុរេតិបត្តិការ

műtét

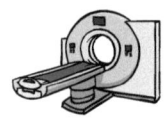

CT

CT

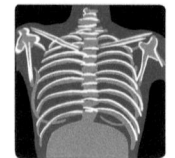

កាំរស្មីអ៊ិច

röntgen

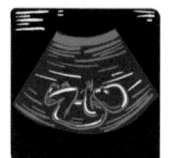

អ៊ុលត្រា

ultrahang

របាំងមុខ

arcmaszk

ជំងឺ

betegség

បន្ទប់ចាំបន្ទុប់

váróterem

ឈរើចរគត់

mankó

មុនាងសិលា

sebtapasz

បង់រុំ

kötszer

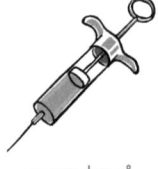

ការចាក់ថ្នាំ

injekció

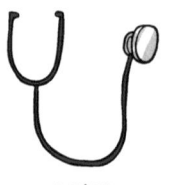

ស្តេតូស្កុប

sztetoszkóp

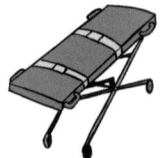

សូនដែរប្អូស

hordágy

ទែម៉ូម៉ែត្ររពុយាបាល

klinikai hőmérő

កំណើត

születés

លរើសទមុងន់

túlsúly

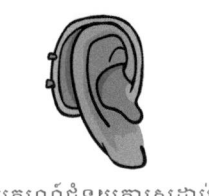

ឧបករណ៍ជំនួយការស្ដាប់

hallókészülék

សារធាតុសម្លាប់មេរោគ

fertőtlenítőszer

ការឆ្លងមេរោគ

fertőzés

មេរោគ

vírus

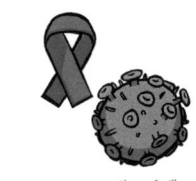

មេរោគអេដស៍ / ជំងឺអេដស៍

HIV/AIDS

ថ្នាំពេទ្យ

orvosság

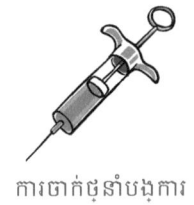

ការចាក់ថ្នាំបង្ការ

oltás

ថេប្បលិត

tabletták

ថ្នាំគ្រាប់

tabletta

ការហៅពេលអាសន្ន

sürgősségi hívás

ឧបករណ៍ពិនិត្យសម្ពាធ
លោហិត
vérnyomásmérő

ឈឺ / មានសុខភាពល្អ

betegség / egészség

ជំនួយ!

Segítség!

សំឡេងរោទ៍

riasztás

ការវាយលុក

rajtaütés

ការវាយប្រហារ

támadás

គ្រោះថ្នាក់

veszély

ច្រកចេញគ្រាអាសន្ន

vészkijárat

អគ្គីភ័យ!

tűz!

បំពង់ពន្លត់អគ្គិភ័យ

tűzoltókészülék

គ្រោះថ្នាក់

baleset

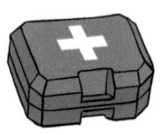

ឧបករណ៍ជំនួយបឋម

elsősegélycsomag

SOS

SOS

ប៉ូលិស

rendőrség

អឺរុប

Európa

អាមេរិកខាងជើង

Észak-Amerika

អាមេរិកខាងត្បូង

Dél-Amerika

អាហ្វ្រិក

Afrika

អាស៊ី

Ázsia

អូស្ត្រាលី

Ausztrália

អាត្លង់ទិច

Atlanti-óceán

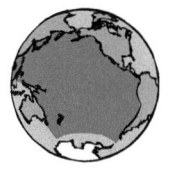

ប៉ាស៊ីហ្វិក

Csendes-óceán

មហាសមុទ្រឥណ្ឌា

Indiai-óceán

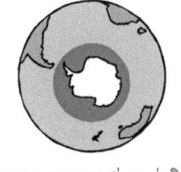

មហាសមុទ្រអង់តាក់ទិច

Déli-óceán

មហាសមុទ្រអាកទិច

Jeges-tenger

ប៉ូលខាងជើង

Északi-sark

ប៉ូលខាងត្បូង

Déli-sark

អង់តាក់ទិក

Antarktisz

ផែនដី

föld

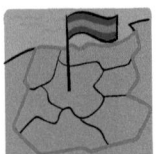

ដីគោក

szárazföld

សមុទ្រ

tenger

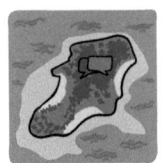

កោះ

sziget

ប្រទេសជាតិ

nemzet

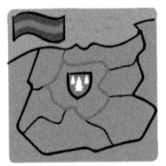

រដ្ឋ

állam

មុខនាឡិកា
....
számlap

ទ្រនិចម៉ោង
....
kismutató

ទ្រនិចនាទី
....
nagymutató

ទ្រនិចវិនាទី
....
másodpercmutató

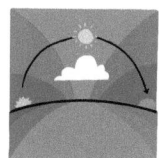

ម៉ោងប៉ុន្មាន?
....
Mennyi az idő?

ថ្ងៃ
....
nap

ពេលវេលា
....
idő

ឥឡូវនេះ
....
most

នាឡិកាឌីជីថល
....
digitális óra

នាទី
....
perc

ម៉ោង
....
óra

សប្តាហ៍

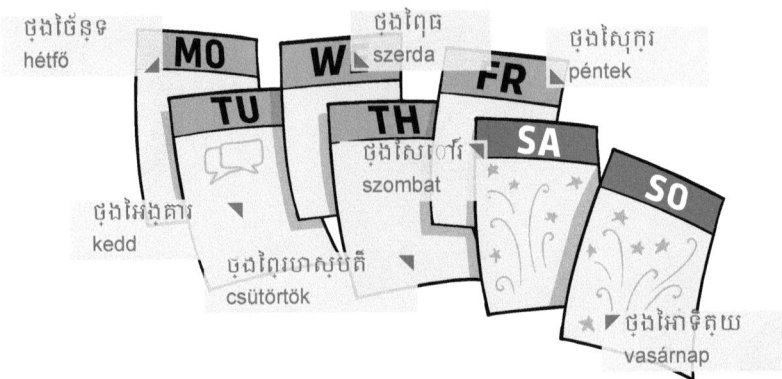

ថ្ងៃច័ន្ទ
hétfő

MO

W szerda

ថ្ងៃពុធ

ថ្ងៃសុក្រ
péntek

FR

TU

TH

SA

SO

ថ្ងៃអង្គារ
kedd

ថ្ងៃសៅរ៍
szombat

ថ្ងៃព្រហស្បតិ៍
csütörtök

ថ្ងៃអាទិត្យ
vasárnap

មុសិលមិញ
tegnap

ថ្ងៃនេះ
ma

ថ្ងៃស្អែកកែ
holnap

ព្រឹក
reggel

ថ្ងៃត្រង់
dél

ល្ងាច
este

MO	TU	WE	TH	FR	SA	SU
1	2	3	4	5	6	7
8	9	10	11	12	13	14
15	16	17	18	19	20	21
22	23	24	25	26	27	28
29	30	31	1	2	3	4

ថ្ងៃធ្វើការ
hétköznap

MO	TU	WE	TH	FR	SA	SU
1	2	3	4	5	6	7
8	9	10	11	12	13	14
15	16	17	18	19	20	21
22	23	24	25	26	27	28
29	30	31	1	2	3	4

ចុងសប្តាហ៍
hétvége

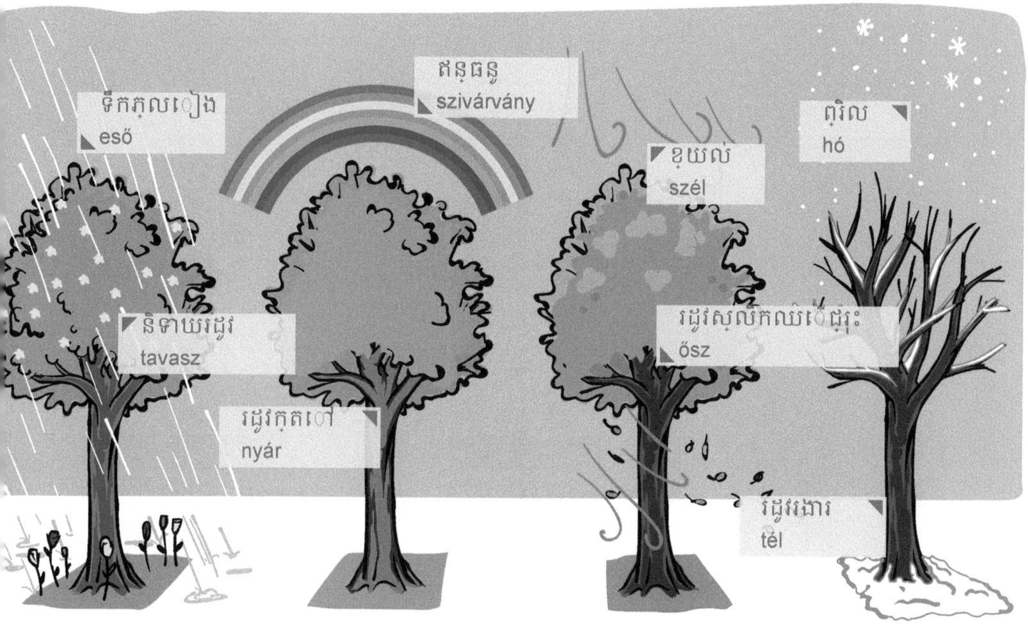

ទឹកភ្លៀង
eső

ពន្លឺ
szivárvány

ខ្យល់
szél

ព្រិល
hó

និទាឃរដូវ
tavasz

រដូវស្លឹកឈើជ្រុះ
ősz

រដូវក្តៅ
nyár

រដូវរងារ
tél

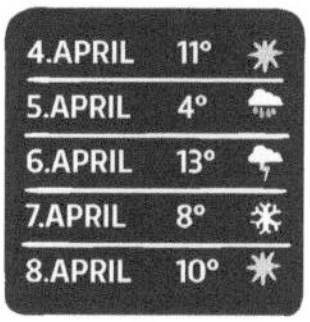

4.APRIL	11°	☀
5.APRIL	4°	⛅
6.APRIL	13°	☔
7.APRIL	8°	❄
8.APRIL	10°	☀

ការពុយាករណ៍អាកាសធាតុ

időjárás előrejelzés

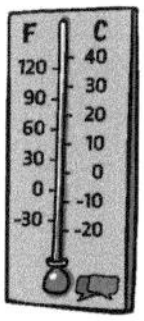

ទែម៉ូម៉ែត្រ

hőmérő

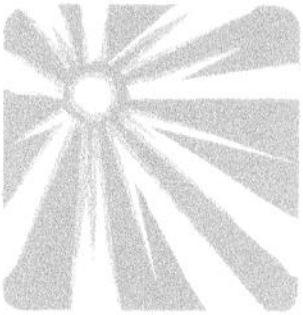

ពន្លឺថ្ងៃ

napsütés

ពពក

felhő

អ័ព្ទ

köd

សំណើម

páratartalom

រន្ទះ

villámlás

ផ្គរ

mennydörgés

ព្យុះ

vihar

ព្រិល

jégeső

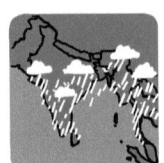

ខ្យល់មូសុង

monszun

ទឹកជំនន់

áradás

ទឹកកក

jég

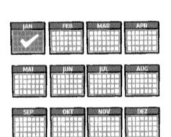

ខែមករា

január

ខែកុម្ភៈ

február

ខែមីនា

március

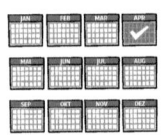

ខែមេសា

április

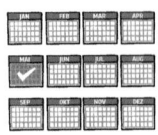

ខែឧសភា

május

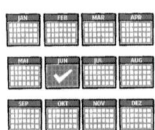

ខែមិថុនា

június

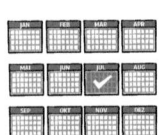

ខែកក្កដា

július

ខែសីហា

augusztus

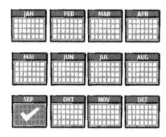

ខែកញ្ញា

szeptember

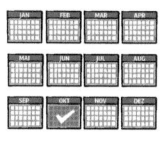

ខែតុលា

október

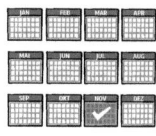

ខែវិចិ្ឆកា

november

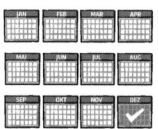

ខែធ្នូ

december

រាង
alakzatok

រង្វង់

kör

ការ៉េ

négyzet

ចតុកោណកែង

téglalap

ត្រីកោណ

háromszög

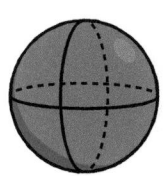

ស្វ៊ែរ

gömb

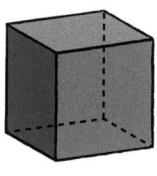

គូប

kocka

színek

ពណ៌ស

fehér

ពណ៌លឿង

sárga

ពណ៌ទឹកក្រូច

narancs

ពណ៌ផ្កាឈូក

rózsaszín

ពណ៌ក្រហម

piros

ពណ៌ស្វាយ

lila

ពណ៌ខៀវ

kék

ពណ៌បៃតង

zöld

ពណ៌ទឹកក្រូច

barna

ពណ៌ប្រផេះ

szürke

ពណ៌ខ្មៅ

fekete

ច្រេវើន / តិចតួច

sok / kevés

ខឹង / គួរជាក់ចិត្ត

mérges / nyugodt

សូរស្សុអាត / អាក្រក់

szép / csúnya

ចាប់ផ្តើម / បញ្ចប់

kezdet / vég

ធំ / តូច

nagy / kicsi

ភ្លឺ / ងងឹត

világos / sötét

ងបុុនបុរស / បងបុុនស្រី

fivér / nővér

សុអាត / កខ្វក់

tiszta / koszos

ពញ្ញេលញ្ញេ / មិនពញ្ញេលញ្ញេ

teljes / nem teljes

ថ្ងៃ / យប់

nappal / éjszaka

សុលាប់ / នៅរស់

halott / élő

ធំទូលាយ / តូចចង្អៀត

széles / keskeny

អាចបរិភោគបាន /
មិនអាចបរិភោគបាន

ehető / nem ehető

ចិត្តអាក្រក់ / ចិត្តល្អ

gonosz / kedves

ការរំភើប / អផ្សុក

izgatott / unott

ធាត់ / ស្គម

kövér / vékony

ដំបូង / ចុងក្រោយ

első / utolsó

មិត្តភក្តិ / សត្រូវ

barát / ellenség

ពេញ / ទទេ

teli / üres

រឹង / ទន់

kemény / puha

ធ្ងន់ / ស្រាល

nehéz / könnyű

ភាពអត់ឃ្លាន /
ការស្រេកទឹក្សបាន

éhség / szomjúság

ឈឺ / មានសុខភាពល្អ

betegség / egészség

ខុសច្បាប់ / ត្រូវច្បាប់

illegális / legális

ឆ្លាតវៃ / ឆ្កួត

intelligens / buta

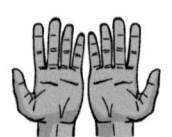

ឆ្វេង / ស្តាំ

bal / jobb

ជិត / ឆ្ងាយ

közel / távol

ថ្មី / ហានប្រើ

új / használt

គ្មានអ្វីសោះ / អ្វីមួយ

semmi / valami

ចាស់ / ក្មេង

idős / fiatal

បើក / បិទ

be / ki

បើក / បិទ

nyitva / zárva

ស្ងប់ស្ងាត់ / ឮខ្លាំង

csendes / hangos

មាន / ក្រ

gazdag / szegény

ត្រូវ / ខុស

helyes / helytelen

គ្រើម / លៀង

érdes / sima

ពិហាកចិត្ត / សប្បាយចិត្ត

szomorú / vidám

ខ្លី / វែង

rövid / hosszú

យឺត / លឿន

lassú / gyors

សើម / ស្ងួត

nedves / száraz

ក្តៅ / ត្រជាក់

meleg / hideg

សង្គ្រាម / សន្តិភាព

háború / béke

0	**1**	**2**
សូន្យ	មួយ	ពីរ
nulla	egy	kettő
3	**4**	**5**
បី	បួន	ប្រាំ
három	négy	öt
6	**7**	**8**
ប្រាំមួយ	ប្រាំពីរ	ប្រាំបី
hat	hét	nyolc
9	**10**	**11**
ប្រាំបួន	ដប់	ដប់មួយ
kilenc	tíz	tizenegy

12

ដប់ពីរ

tizenkettő

13

ដប់បី

tizenhárom

14

ដប់បួន

tizennégy

15

ដប់ប្រាំ

tizenöt

16

ដប់ប្រាំមួយ

tizenhat

17

ដប់ប្រាំពីរ

tizenhét

18

ដប់ប្រាំបី

tizennyolc

19

ដប់ប្រាំបួន

tizenkilenc

20

ម្ភៃ

húsz

100

រយ

száz

1.000

ពាន់

ezer

1.000.000

លាន

millió

អង់គ្លេស

angol

អង់គ្លេសអាមរិក

amerikai angol

ចិនកុកងី

mandarin kínai

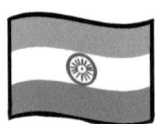

ហិណ្ឌខ

hindi

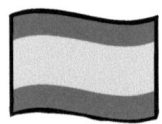

អេស្ប៉ាញ

spanyol

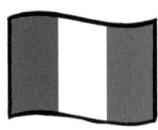

ហ្វាំង

francia

អារ៉ាប់

arab

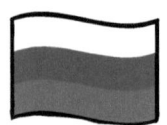

រុស្សី

orosz

ព័រទុយហ្គាល់

portugál

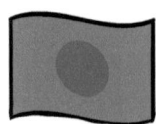

បង់កុលាដវៃ

bengáli

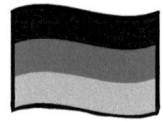

អាល្លឺម៉ង់

német

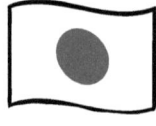

ជប៉ុន

japán

ខ្ញុំ

én

អ្នក

te

គាត់ / នាង / វា

ő

យើង

mi

អ្នក

ti

ពួកគេហោន

ők

នរណា?

ki?

អ្វី?

mi?

របៀបណា?

hogyan?

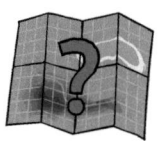

កន្លែងណា?

hol?

ពេលណា?

mikor?

ឈ្មោះ

név

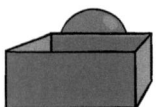

ពីក្រោយ
mögött

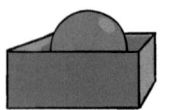

ក្នុង
benne

ពីមុខ
elötte

ពីលើ
felette

នៅលើ
rajta

នៅក្រោម
alatta

នៅក្បែរ
mellett

រវាង
között

កន្លែង
hely